☆ 일본어를 배우는 학습자를 위한 좀 더 쉽고 재미있게 정복할 수 있는 기초 일본어책 ☆

문형으로 익히는
기초 일본어

송정식 저

SEROMI

머리말

일본어를 배우려는 학습자라면 누구나 한 번쯤 "일본어 공부, 왕도는 없는 것일까?" 라고 생각해 보았을 것입니다. 필자도 고등학교 때 처음 일본어를 접했을 때 이러한 의문을 가졌습니다.

일본어를 고등학교 과정에서 일주일에 한 번 1시간 수업으로 2년 공부했습니다. 하지만 대학에 입학하여 네이티브교수님과 일본어로 대화는 전혀 꿈도 꾸지 못했고 책을 읽는 것조차도 그리 쉽지만은 않았습니다. 처음 일본어로 조금이나마 대화를 할 수 있게 된 것은 대학 입학 후 1학년 2학기 여름 방학이 지나고서입니다. 여름 방학 동안 학교에서 운영하는 사운드 라이브러리[랩실]에서 일본어 기초 문형 교재를 반복하여 읽는 연습을 통해 말문이 트이게 되었습니다. 일본어로 대화가 된다는 기쁨은 이루 헤아릴 수 없을 만큼 큰 감격이었습니다.

본 교재를 출판하게 된 경위 또한 필자가 경험한 기본 문형을 반복하여 연습함으로써, 일본어 학습자들이 일본어의 기초 지식뿐만 아니라 신속히 말문이 트이도록 돕기 위해서입니다. 본 교재를 효과적으로 활용하여 필자가 대학 시절 경험했던 기쁨을 학습자들과 함께 나누고 싶습니다. 필자는 대학에서 그때를 생각하며 일본어를 가르치고 있습니다.

본 교재 출판에는 어학교양학부 코바야시 타카코교수님이 단어 및 본문 읽기 음성파일 녹음에 참여해 주셨고, 호텔경영과 최우인교수님이 교재 전체 감수 및 디자인 작업을 맡아주셨습니다. 그리고 새로미출판사 이재훈팀장님이 출판 업무에 수고를 해주셨습니다. 이 자리를 빌어서 도움을 주신 세 분께 진심으로 감사의 말씀을 드립니다.

본 교재의 구성

제1과 일본어 문자와 발음(1)에서는 일본어 문자의 구성요소인 히라가나와 카타카나 그리고 한자에 대해서 알기 쉽게 설명하였습니다.

제2과 일본어 문자와 발음(2)에서는 일본어의 특수음소 촉음, 발음, 장음 및 묵음화 현상 등을 상세히 기술하였습니다.

제3과 일본어 단어 읽기 연습에서는 앞에서 배운 일본어 글자를 이용하여 다양한 단어들을 직접 읽고 말해봄으로써 쉽게 일본어와 일본어 단어에 익숙해지도록 하였습니다.

제4과부터 **제12과**까지는 동일한 구성으로 편성하였으며, 그 내용은 다음과 같습니다.

첫째, 새로 나온 어휘를 통해 단어를 쉽게 습득하도록 하였으며, **기본 문형**에는 새로 나온 어휘와 일본어 기초 과정에서 꼭 알아야만 되는 필수적인 문형을 제시하여 쉽게 이해하도록 하였습니다. **기본 문형 이해**에서는 기본 문형에 사용된 단어나 어법을 알기 쉽게 설명하였습니다.

둘째, 문장 연습에서는 기본 문형을 다양한 형태로 확대하여 여러 가지 예문을 연습해 봄으로써 저절로 일본어 표현에 익숙해지도록 체계적으로 정리하였습니다.

셋째, 연습 문제에서는 한국어로 제시된 문장을 일본어로 작성하도록 하여 작문 능력에 직접적인 도움이 되도록 하였습니다. 마지막 부분에 제시한 7개의 **한자쓰기**는 각 과별 기본 한자들을 직접 써보는 연습을 통해 한자에 쉽게 익숙해지도록 하였습니다.

필자는 문형을 중심으로 학습하는 본 교재를 통해 처음 일본어를 배우는 학습자가 조금 더 쉽고 재미있게 일본어를 정복할 수 있도록 최대한 배려하였습니다. 아무쪼록 본교재가 일본어를 처음 배우는 모든 학습자들에게 매우 유익하게 사용되어지길 간절히 기원해 봅니다.

필자 드림

CONTENTS

차례

Chapter 01

일본어 문자와 발음(1)

1. 일본어 문자(文字)와 발음(發音)에 대하여

일본어(日本語)는

한자(漢字)의 음(音)과 훈(訓)을 빌어 만들어진 문자이다.

- 일본어는 우리말과 같이 한자(漢字) 문화권에 속하는 언어로 어순(語順)이 거의 같고 조사가 많이 쓰이며, 어미 활용을 하는 등 유사한 점이 많아 다른 언어에 비해 배우기 쉽다는 장점을 지니고 있다.
- 일본어 문(文)이나 문장(文章)은 주로 히라가나(ひらがな)와 카타카나(カタカナ), 한자(漢字)를 병용하여 사용한다.

예 私(わたし)は、アジア人(じん)です。
저는 아시아인입니다.

2. 문자의 종류

1) 히라가나(ひらがな)

あ[a]、か[ka]、さ[sa]、た[ta] ....

한자(漢字)의 초서체(草書体)를 토대로 만들어진 문자로 글자 모양이 부드럽다.

예 あい、そら、ほん、すし、りんご

2) 카타카나(カタカナ)

ア[a]、 カ[ka]、 サ[sa]、 タ[ta] ....

외래어 표기, 외국의 지명이나 인명, 의성어와 의태어 표기 및 기타 강조할 때와 동식물의 이름 또는 간판 등에 주로 사용된다.

예 ピアノ、アメリカ、イギリス、ジョンソンさん、ヒタチ、ヤマハ

3) 한자(漢字)

일본어 한자는 음독(**音読**)으로 읽는 경우와 훈독(**訓読**)으로 읽는 경우로 나뉘어져 있으므로 한자 읽기에 주의를 요한다.

한자	음독(音読)	훈독(訓読)
国 나라 (국)	韓国(かんこく) 한국	国(くに) 나라
人 사람 (인)	韓国人(かんこくじん) 한국인	この人(ひと) 이 사람

3. 문자의 발음-50음도(音図)

- 히라가나와 카타카나를 카나(**仮名**)라고 하는데, 카나(**仮名**)는 음절 문자로서 각기 50음으로 되어 있다.
- 카나(**仮名**)를 일정한 순서에 따라 배열한 표를 50음도(**音図**)라고 하며, 가로 10개 문자와 세로 5개씩 문자로 된 청음(**清音**) 45개 글자를 말한다.
- 원래 글자 수는 50개였으나, 현대 일본어에서 사용되는 글자 수는 청음 45개 글자와 ん(발음)을 포함하여 46개이다.

4. 카나(仮名) 익히기

1) 청음(清音) 글자

히라가나(ひらがな)

단 \ 행	あ행	か행	さ행	た행	な행	は행	ま행	や행	ら행	わ행	발음
あ단	あ [a]	か [ka]	さ [sa]	た [ta]	な [na]	は [ha]	ま [ma]	や [ya]	ら [ra]	わ [wa]	ん [m] [n] [ng]
い단	い [i]	き [ki]	し [si]	ち [chi]	に [ni]	ひ [hi]	み [mi]		り [ri]		
う단	う [u]	く [ku]	す [su]	つ [chu]	ぬ [nu]	ふ [hu]	む [mu]	ゆ [yu]	る [ru]		
え단	え [e]	け [ke]	せ [se]	て [te]	ね [ne]	へ [he]	め [me]		れ [re]		
お단	お [o]	こ [ko]	そ [so]	と [to]	の [no]	ほ [ho]	も [mo]	よ [yo]	ろ [ro]	を [o]	

카타카나(カタカナ)

단 \ 행	ア행	カ행	サ행	タ행	ナ행	ハ행	マ행	ヤ행	ラ행	ワ행	발음
ア단	ア [a]	カ [ka]	サ [sa]	タ [ta]	ナ [na]	ハ [ha]	マ [ma]	ヤ [ya]	ラ [ra]	ワ [wa]	ン [m] [n] [ng]
イ단	イ [i]	キ [ki]	シ [si]	チ [chi]	ニ [ni]	ヒ [hi]	ミ [mi]		リ [ri]		
ウ단	ウ [u]	ク [ku]	ス [su]	ツ [chu]	ヌ [nu]	フ [hu]	ム [mu]	ユ [yu]	ル [ru]		
エ단	エ [e]	ケ [ke]	セ [se]	テ [te]	ネ [ne]	ヘ [he]	メ [me]		レ [re]		
オ단	オ [o]	コ [ko]	ソ [so]	ト [to]	ノ [no]	ホ [ho]	モ [mo]	ヨ [yo]	ロ [ro]	ヲ [o]	

2) 탁음(濁音)과 반탁음(半濁音) 글자

히라가나(ひらがな) (탁음: が、ざ、だ、ば행) (반탁음: ぱ행)

が행	ざ행	だ행	ば행
が [ga]	ざ [za]	だ [da]	ば [ba]
ぎ [gi]	じ [zi]	ぢ [zi]	び [bi]
ぐ [gu]	ず [zu]	づ [zu]	ぶ [bu]
げ [ge]	ぜ [ze]	で [de]	べ [be]
ご [go]	ぞ [zo]	ど [do]	ぼ [bo]

ぱ행
ぱ [pa]
ぴ [pi]
ぷ [pu]
ぺ [pe]
ぽ [po]

카타카나(カタカナ) (탁음: ガ、ザ、ダ、バ행) (반탁음: パ행)

ガ행	ザ행	ダ행	バ행
ガ [ga]	ザ [za]	ダ [da]	バ [ba]
ギ [gi]	ジ [zi]	ヂ [zi]	ビ [bi]
グ [gu]	ズ [zu]	ヅ [zu]	ブ [bu]
ゲ [ge]	ゼ [ze]	デ [de]	ベ [be]
ゴ [go]	ゾ [zo]	ド [do]	ボ [bo]

パ행
パ [pa]
ピ [pi]
プ [pu]
ペ [pe]
ポ [po]

3) 요음(拗音) 글자

요음(拗音)은, 「い」단 자음 글자 「き、し、ち、に、ひ、み、り、ぎ、じ、び、ぴ」의 오른쪽에 반모음 「や、ゆ、よ」를 작게 써서 앞의 글자와 함께 한 박자(한 음절)로 발음하는 글자이다.

히라가나(ひらがな)

きゃ [kya]	しゃ [sya]	ちゃ [cha]	にゃ [nya]	ひゃ [hya]	みゃ [mya]	りゃ [rya]	ぎゃ [gya]	じゃ [zya]	びゃ [bya]	ぴゃ [pya]
きゅ [kyu]	しゅ [syu]	ちゅ [chu]	にゅ [nyu]	ひゅ [hyu]	みゅ [myu]	りゅ [ryu]	ぎゅ [gyu]	じゅ [zyu]	びゅ [byu]	ぴゅ [pyu]
きょ [kyo]	しょ [syo]	ちょ [cho]	にょ [nyo]	ひょ [hyo]	みょ [myo]	りょ [ryo]	ぎょ [gyo]	じょ [zyo]	びょ [byo]	ぴょ [pyo]

카타카나(カタカナ)

キャ [kya]	シャ [sya]	チャ [cha]	ニャ [nya]	ヒャ [hya]	ミャ [mya]	リャ [rya]	ギャ [gya]	ジャ [zya]	ビャ [bya]	ピャ [pya]
キュ [kyu]	シュ [syu]	チュ [chu]	ニュ [nyu]	ヒュ [hyu]	ミュ [myu]	リュ [ryu]	ギュ [gyu]	ジュ [zyu]	ビュ [byu]	ピュ [pyu]
キョ [kyo]	ショ [syo]	チョ [cho]	ニョ [nyo]	ヒョ [hyo]	ミョ [myo]	リョ [ryo]	ギョ [gyo]	ジョ [zyo]	ビョ [byo]	ピョ [pyo]

청음(清音) 글자 읽기

あ행

あ[a] い[i] う[u] え[e] お[o]

か행

か[ka] き[ki] く[ku] け[ke] こ[ko]

さ행

さ[sa] し[si] す[su] せ[se] そ[so]

た행

た[ta] ち[chi] つ[chu] て[te] と[to]

な행

な[na] に[ni] ぬ[nu] ね[ne] の[no]

は행

は [ha]　ひ [hi]　ふ [hu]　へ [he]　ほ [ho]

ま행

ま [ma]　み [mi]　む [mu]　め [me]　も [mo]

や행

や [ya]　ゆ [yu]　よ [yo]

ら행

ら [ra]　り [ri]　る [ru]　れ [re]　ろ [ro]

わ행

わ [wa]　を [o]

발음

ん [m, n, ng]

탁음(濁音)과 반탁음(半濁音) 글자 읽기

が행

が[ga]	ぎ[gi]	ぐ[gu]	げ[ge]	ご[go]

ざ행

ざ[za]	じ[zi]	ず[zu]	ぜ[ze]	ぞ[zo]

だ행

だ[da]	ぢ[zi]	づ[zu]	で[de]	ど[do]

ば행

ば[ba]	び[bi]	ぶ[bu]	べ[be]	ぼ[bo]

ぱ행

ぱ[pa]	ぴ[pi]	ぷ[pu]	ぺ[pe]	ぽ[po]

요음(拗音) 글자 읽기

か행

きゃ [kya]	きゅ [kyu]	きょ [kyo]

さ행

しゃ [sya]	しゅ [syu]	しょ [syo]

た행

ちゃ [cha]	ちゅ [chu]	ちょ [cho]

な행

にゃ [nya]	にゅ [nyu]	にょ [nyo]

は행

ひゃ [hya]	ひゅ [hyu]	ひょ [hyo]

ま행

みゃ [mya] みゅ [myu] みょ [myo]

ら행

りゃ [rya] りゅ [ryu] りょ [ryo]

が행

ぎゃ [gya] ぎゅ [gyu] ぎょ [gyo]

ざ행

じゃ [zya] じゅ [zyu] じょ [zyo]

ば행

びゃ [bya] びゅ [byu] びょ [byo]

ぱ행

ぴゃ [pya] ぴゅ [pyu] ぴょ [pyo]

Chapter

02 일본어 문자와 발음(2)

1. 촉음(促音) 글자와 발음 -「っ」

- 촉음은 재촉하듯 읽는 음으로「つ」를 작게「っ」로 표기하며, 다른 글자 뒤에서 항상 받침으로만 쓰인다.
- 촉음 뒤에는「か、さ、た、ぱ」행 글자만 온다. 이 글자들 앞에서 촉음은 우리말의 [ㅋ(k), ㅅ(s), ㅌ(t), ㅂ(p)] 받침과 유사하게 발음된다.
- 촉음은 우리말 받침과 달리 한 박자(한 음절)의 길이를 갖는다.

❶ 촉음 뒤에 か행이 오면 [ㅋ(k)] 받침으로 발음된다.
➡ いっかい、いっき、しっけ

❷ 촉음 뒤에 さ행이 오면 [ㅅ(s)] 받침으로 발음된다.
➡ きっさてん、ざっし、こっそり

❸ 촉음 뒤에 た행이 오면 [ㅌ(t)] 받침으로 발음된다.
➡ いったい、そっち、むっつ、きって

❹ 촉음 뒤에 ぱ행이 오면 [ㅂ(p)] 받침으로 발음된다.
➡ いっぱい、きっぷ、しっぽ

2. 발음(撥音) 글자와 발음 -「ん」

-「ん」은 콧소리로, 다른 글자 뒤에서 항상 받침으로만 쓰인다.
-「ん」 뒤에 오는 글자에 따라 발음이 달라지며, 우리말의 [ㅁ(m), ㄴ(n), ㅇ(ng)] 받침과 유사하게 발음된다.

❶ ん뒤에 ま、ば、ぱ행이 오면 [ㅁ(m)] 받침으로 발음된다.

➡ さんまい、せんぱい、とんぼ

❷ ん뒤에 な、だ、た、ら、さ、ざ행이 오면 [ㄴ(n)] 받침으로 발음된다.

➡ おんな、うんどう、ほんとう、べんり、けんせつ、ぎんざ

❸ ん뒤에 あ、か、が、は、や、わ행이 오거나, 말끝에 ん이 오면 [ㅇ(ng)] 받침으로 발음된다.

➡ まんいん、へんか、ほんや、でんわ、にほんご

➡ ほん、かばん

3. 장음(長音) 글자와 발음

- 장음은 「ああ、いい、うう、ええ、おお」와 같이, 같은 모음이 겹쳐진 경우 앞의 모음을 길게 발음하는 것을 말한다.
- 장음의 표기는 고유 일본어는 모음으로, 카타카나는 하이픈 「ー」으로 나타낸다.

❶ (あ단＋あ) あ단 글자 뒤에 あ모음이 온 경우
➡ おかあさん、おばあさん、サービス

❷ (い단＋い) い단 글자 뒤에 い모음이 온 경우
➡ おじいさん、おにいさん、タクシー

❸ (う단＋う) う단 글자 뒤에 う모음이 온 경우
➡ すうがく、つうがく、ニュース

❹ (え단＋え) え단 글자 뒤에 え모음이 온 경우
➡ おねえさん、ええ、エレベーター

※ (え단＋い) え단 글자 뒤에 い모음이 온 경우
➡ せんせい、とけい

❺ (お단＋お) お단 글자 뒤에 お모음이 온 경우
➡ おおかみ、こおる、モーター

※ (お단＋う) お단 글자 뒤에 う 모음이 온 경우
➡ おとうさん、そうこ、いもうと

4. 묵음(黙音)화 현상

묵음(黙音)은, 철자상으로는 표기되나 실제로는 발음되지 않는 음(音)을 말한다. 일본어는 단어 내(単語内)에서 く뒤에 さ행 글자가 오면 약간 묵음화가 되는 경향이 있다.

たくさん、おくさん

がくせい、ろくせん

タクシー (たくしー)

Chapter 03

일본어 단어 읽기 연습

1. 청음/탁음/반탁음 단어 읽기

청음(清音) 단어 읽기

あ행

あ[a]　い[i]　う[u]　え[e]　お[o]

あめ 사탕

いえ 집

うし 소

え 그림

おか 언덕

か행

か[ka]　き[ki]　く[ku]　け[ke]　こ[ko]

かさ 우산

き 나무

くつ 신발

けさ 아침

こい 잉어

さ행

さ[sa]　し[si]　す[su]　せ[se]　そ[so]

さる 원숭이

しお 소금

すし 초밥

せみ 매미

そら 하늘

た행

た[ta]　ち[chi]　つ[chu]　て[te]　と[to]

たこ 문어

ちず 지도

つくえ 책상

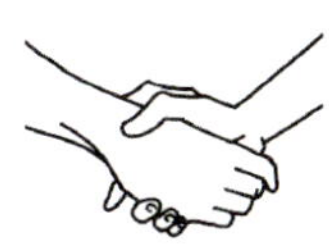
て 손

とり 새

な행

な[na]　に[ni]　ぬ[nu]　ね[ne]　の[no]

なつ 여름

にもつ 짐

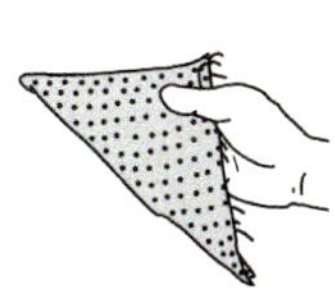
ぬの 헝겊

ねこ 고양이

のり 풀

は행

は [ha]　ひ [hi]　ふ [hu]　へ [he]　ほ [ho]

はさみ 가위

ひかり 빛

ふね 배

へや 방

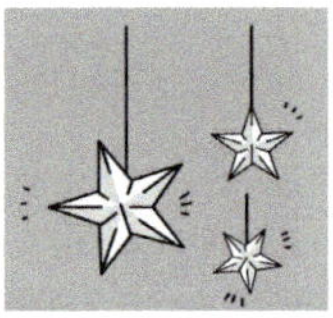

ほし 별

ま행

ま [ma]　み [mi]　む [mu]　め [me]　も [mo]

まめ 콩

みみ 귀

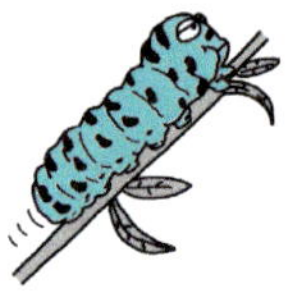

むし 벌레

めがね 안경

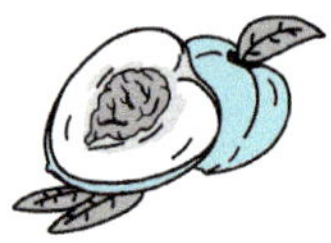

もも 복숭아

や행

や [ya]　ゆ [yu]　よ [yo]

やま 산

ゆき 눈

よる 저녁/밤

ら행

ら [ra]　り [ri]　る [ru]　れ [re]　ろ [ro]

らくだ
낙타

りんご
사과

るーる
ルール
룰/규칙

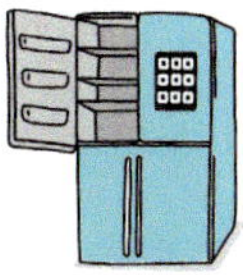

れいぞうこ
냉장고

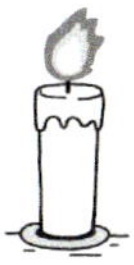

ろうそく
양초

わ행

わ [wa]　を [o]

わさび
고추냉이

りんごをたべる
사과를 먹다

발음

ん [m, n, ng]

しんぶん 신문

でんわ 전화

탁음(濁音)과 반탁음(半濁音) 단어 읽기

が행

が [ga]　ぎ [gi]　ぐ [gu]　げ [ge]　ご [go]

がいこく 외국

かぎ 열쇠

かぐ 가구

げんき 건강

ごぜん 오전

ざ행

ざ [za]　じ [zi]　ず [zu]　ぜ [ze]　ぞ [zo]

ざる 소쿠리

じてん 사전

ずいぶん 많이

ぜりー
ゼリー 젤리

ぞう 코끼리

だ행

だ [da]　ぢ [zi]　づ [zu]　で [de]　ど [do]

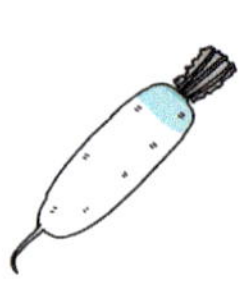

だいこん 무우

はなぢ 코피

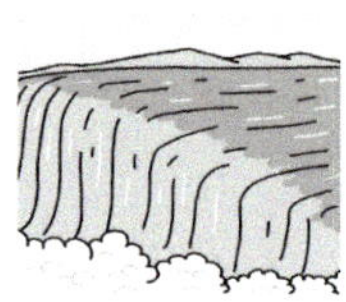

つづき 계속

であい 만남

どうぐ 도구

ば행

ば[ba]　び[bi]　ぶ[bu]　べ[be]　ぼ[bo]

ばら 장미

びじん 미인

ぶどう 포도

べんとう도시락

ぼうし모자

ぱ행

ぱ[pa]　ぴ[pi]　ぷ[pu]　ぺ[pe]　ぽ[po]

ぱらぱら
팔랑팔랑

ぴかぴか
번쩍번쩍

ぷかぷか
뻐끔뻐끔

ぺこぺこ
꼬르륵

ぽろぽろ
뚝뚝(눈물)

2. 요음(拗音) 단어 읽기

か행

きゃ [kya]	きゅ [kyu]	きょ [kyo]
おきゃく 손님	きゅうり 오이	きょり 거리

さ행

しゃ [sya]	しゅ [syu]	しょ [syo]
かいしゃ 회사	しゅみ 취미	しょぞく 소속

た행

ちゃ [cha]	ちゅ [chu]	ちょ [cho]
おちゃ 녹차	ちゅうい 주의	ちょうしょく 조식

な행

にゃ [nya]	にゅ [nyu]	にょ [nyo]
こんにゃく 곤약	にゅういん 입원	にょうぼう 아내

は행

ひゃ [hya]	ひゅ [hyu]	ひょ [hyo]
ひゃく 100, 백	ヒューズ(ひゅーず) 퓨즈	ひょうか 평가

ま행

みゃ [mya]	みゅ [myu]	みょ [myo]
みゃく 맥	ミュージカル(みゅーじかる) 뮤지컬	みょうぎ 묘기

ら행

りゃ [rya]	りゅ [ryu]	りょ [ryo]
りゃくじ 약자	りゅうがく 유학	りょうり 요리

が행

ぎゃ [gya]　　ぎゅ [gyu]　　ぎょ [gyo]

ぎゃく 반대　　ぎゅうにゅう 우유　　ぎょうじ 행사

ざ행

じゃ [zya]　　じゅ [zyu]　　じょ [zyo]

じゃくてん 약점　　ジュース(じゅーす) 주스　　じょうしき 상식

ば행

びゃ [bya]　　びゅ [byu]　　びょ [byo]

さんびゃく 300/삼백　　ビュッフェ(びゅっふぇ) 뷔페　　びょういん 병원

ぱ행

ぴゃ [pya]　　ぴゅ [pyu]　　ぴょ [pyo]

ろっぴゃく 600/육백　　コンピューター(こんぴゅーたー) 컴퓨터　　ぴょんと 휙/껑충

3. 촉음(促音)「っ」단어 읽기

[ㄱ(k)]발음

촉음 뒤에 か행이 오면 [ㅋ(k)] 받침으로 발음된다.

いっかい 1회　　いっき 단숨에　　しっけ 습기

[ㅅ(s)]발음

촉음 뒤에 さ행이 오면 [ㅅ(s)] 받침으로 발음된다.

きっさてん 찻집/다방　　ざっし 잡지　　こっそり 몰래/슬며시

[ㄷ(t)]발음

촉음 뒤에 た행이 오면 [ㅌ(t)] 받침으로 발음된다.

いったい 도대체　　そっち 그쪽　　きって 우표

[ㅂ(p)]발음

촉음 뒤에 ぱ행이 오면 [ㅂ(p)] 받침으로 발음된다.

いっぱい 한 잔/가득　　きっぷ 표　　しっぽ 꼬리

4. 발음(撥音)「ん」단어 읽기

[ㅁ(m)]발음

ま、ば、ぱ행이 오면 [ㅁ(m)] 받침으로 발음된다.

さんまい 3장　　とんぼ 잠자리　　せんぱい 선배

[ㄴ(n)]발음

ん뒤에 な、だ、た、ら、さ、ざ행이 오면 [ㄴ(n)] 받침으로 발음된다.

おんな 여자　　うんどう 운동　　ほんとう 정말　　べんり 편리

[ㅇ(ng)]발음

ん뒤에 あ、か、が、は、や、わ행이 오거나, 말끝에 ん이 오면 [ㅇ(ng)] 받침으로 발음된다.

まんいん 만원　　ほんや 책방　　でんわ 전화　　かばん 가방

◆ **아래의 주어진 낱말을 찾으시오.**

낱말은 가로, 세로, 대각선, 앞뒤로 연결된다.

보기 はなみ 꽃구경

찾기 あい 사랑　うた 노래　こめ 쌀

げんき 건강함　おべんとう 도시락　さくら 벚꽃

おきゃくさま 손님

だいじょうぶ 괜찮음

な	あ	と	さ	し	み	ね	お	る	た
に	た	い	せ	な	ぬ	や	き	れ	べ
う	れ	べ	は	す	に	さ	ゃ	ら	た
ち	し	お	た	う	せ	つ	く	む	い
ゆ	だ	じ	は	り	い	そ	さ	お	め
の	い	さ	ま	な	の	え	ま	め	じ
み	じ	ん	は	を	げ	ん	き	で	よ
た	ょ	ほ	じ	む	と	い	だ	と	う
い	う	こ	げ	う	き	ぶ	こ	う	ぶ
こ	ぶ	り	て	も	は	じ	め	て	は

Chapter 04 私(わたし)は 学生(がくせい)です。

저는 학생입니다.

새로 나온 어휘

私(わたし) 나/저

~は ~은/는

学生(がくせい) 학생

~です[か] ~입니다[까]

~ではありません ~이/가 아닙니다.

~さん ~님

~も ~도

佐藤(さとう)カズコ(かずこ) 사토우 카즈코

鈴木(すずき)ヨウコ(ようこ) 스즈키 요우코

金(きむ)ミンジュン(みんじゅん) 김민준

大学生(だいがくせい) 대학생

先生(せんせい) 선생님

李(い)ミンゼ(みんぜ) 이민재

韓国人(かんこくじん) 한국인

~で ~이고

日本人(にほんじん) 일본인

会社員(かいしゃいん) 회사원

公務員(こうむいん) 공무원

はい 예

そうです 그렇습니다.

いいえ 아니오

기본 문형

1. 私は 学生です。

   저는 학생입니다.

2. 佐藤さんは 学生ではありません。

   사토우씨는 학생이 아닙니다.

3. 鈴木さんも 日本人です(か)。

   스즈키씨도 일본입니다(까).

4. 金さんは 大学生ですか、先生ですか。

   김씨는 대학생입니까、선생님입니까?

5. 金さんは 韓国人で、大学生です。

   김씨는 한국인이고, 대학생입니다.

6. 佐藤さんは 大学生でも、先生でも ありません。

   사토우씨는 대학생도, 선생님도 아닙니다.

기본 문형 이해

1 ～は ～은(는)

① 「～は」는 '～은(는)'에 해당하는 조사이다.
원래 발음은 (ha)이지만, 조사로 쓰일 때는 (wa)로 발음한다.

예 私(わたし)は 学生(がくせい)です。

私(わたし)は 金(きむ)ミンジュン(みんじゅん)です。

② 일본어의 마침표는 「。」로 표기한다.

2 ～です(か) ～입니다(까)

① 「명사+です」의 형태로, 정중함을 나타내는 단정의 조동사이다.

② 「～です」에 의문을 나타내는 종조사 「～か」를 붙이면 의문문 '～입니까'가 된다. 「～か」는 우리말의 의문 종조사와 같이 끝을 올려서 발음한다.

예 佐藤(さとう)さんは 学生(がくせい)ですか。

③ 「～か」뒤에 의문 부호를 표기하지 않는 경우가 많다.

예 佐藤(さとう)さんは 学生(がくせい)ですか。

3 ~ではありません ~이(가) 아닙니다

「~です」의 부정형으로, 회화체에서는 「~では」를 「~じゃ」로 줄여 「~じゃありません」의 형태로 많이 사용한다.

예 佐藤(さとう)さんは 学生(がくせい)ではありません。

= 佐藤(さとう)さんは 学生(がくせい)じゃありません。

金(きむ)さんは 日本人(にほんじん)ではありません。

= 金(きむ)さんは 日本人(にほんじん)じゃありません。

4 ~も ~도

병립, 첨가의 뜻을 나타내는 조사이다.

예 佐藤(さとう)さんは 日本人(にほんじん)です。

鈴木(すずき)さんも 日本人(にほんじん)です。

5 ~ですか、~ですか ~입니까, ~입니까

우리말의 'A입니까, B입니까'라고 물을 때 사용한다.

예 金(きむ)さんは 大学生(だいがくせい)ですか、先生(せんせい)ですか。

金(きむ)さんは 大学生(だいがくせい)です。

6 ～で ～이고(이며)

조동사 「～だ(이다)」가 활용된 것으로, 단어나 문장을 연결할 때 사용한다.

예 金(きむ)さんは 韓国人(かんこくじん)で、先生(せんせい)です。

佐藤(さとう)さんは 会社員(かいしゃいん)で、鈴木(すずき)さんは 公務員(こうむいん)です。

7 ～でも、～でもありません ～도 ～도 아닙니다

'A도(아니고), B도 아닙니다'라고 두 가지 사실을 모두 부정할 때 사용한다.

예 佐藤(さとう)さんは 大学生(だいがくせい)ですか、先生(せんせい)ですか。

佐藤(さとう)さんは 大学生(だいがくせい)でも、先生(せんせい)でも ありません。

「명사+だ」의 활용-①	
기본형	私は 学生だ。
정중형	私は 学生です。
부정형	私は 学生ではないです。 私は 学生ではありません。
중지형	私は 学生で、金さんは 会社員です。
이중부정	私は 学生でも、先生でもありません。

기본 문형을 통한 문장연습

1 私(わたし)は 学生(がくせい)です。

私(わたし)は 金(きむ)ミンジュン(みんじゅん)です。大学生(だいがくせい)です。

私(わたし)は 李(い)ミンゼ(みんぜ)です。先生(せんせい)です。

私(わたし)は 佐藤(さとう)カズコ(かずこ)です。会社員(かいしゃいん)です。

私(わたし)は 鈴木(すずき)ヨウコ(ようこ)です。公務員(こうむいん)です。

2 佐藤(さとう)さんは 学生(がくせい)ではありません。

金(きむ)さんは 先生(せんせい)ではありません。大学生(だいがくせい)です。

李(い)さんは 大学生(だいがくせい)ではありません。先生(せんせい)です。

佐藤(さとう)さんは 公務員(こうむいん)ではありません。会社員(かいしゃいん)です。

鈴木(すずき)さんは 会社員(かいしゃいん)ではありません。公務員(こうむいん)です。

3 佐藤(さとう)さんは　日本人(にほんじん)です。

鈴木(すずき)さんも　日本人(にほんじん)ですか。

はい、そうです。鈴木(すずき)さんも　日本人(にほんじん)です。

金(きむ)さんは　韓国人(かんこくじん)です。

李(い)さんも　韓国人(かんこくじん)ですか。

はい、そうです。李(い)さんも　韓国人(かんこくじん)です。

金(きむ)さんは　先生(せんせい)ですか。

いいえ、私(わたし)は　先生(せんせい)では　ありません。大学生(だいがくせい)です。

4 金(きむ)さんは 大学生(だいがくせい)ですか、先生(せんせい)ですか。

金(きむ)さんは 大学生(だいがくせい)です。

李(い)さんは 大学生(だいがくせい)ですか、先生(せんせい)ですか。

李(い)さんは 先生(せんせい)です。

佐藤(さとう)さんは 会社員(かいしゃいん)ですか、公務員(こうむいん)ですか。

佐藤(さとう)さんは 会社員(かいしゃいん)です。

鈴木(すずき)さんは 会社員(かいしゃいん)ですか、公務員(こうむいん)ですか。

鈴木(すずき)さんは 公務員(こうむいん)です。

5

金(きむ)さんは 韓国人(かんこくじん)で 大学生(だいがくせい)です。

李(い)さんは 韓国人(かんこくじん)で 先生(せんせい)です。

佐藤(さとう)さんは 日本人(にほんじん)で 会社員(かいしゃいん)です。

鈴木(すずき)さんは 日本人(にほんじん)で 公務員(こうむいん)です。

佐藤(さとう)さんは 会社員(かいしゃいん)で、鈴木(すずき)さんは 公務員(こうむいん)です。

6

金(きむ)さんは 会社員(かいしゃいん)ですか、公務員(こうむいん)ですか。

金(きむ)さんは 会社員(かいしゃいん)でも 公務員(こうむいん)でも ありません。

金(きむ)さんは 学生(がくせい)です。

佐藤(さとう)さんは 大学生(だいがくせい)ですか、先生(せんせい)ですか。

佐藤(さとう)さんは 大学生(だいがくせい)でも、先生(せんせい)でも ありません。

佐藤(さとう)さんは 会社員(かいしゃいん)です。

인칭대명사

	남녀공용어	남성어	여성어
1인칭	私(わたし) 나, 저	僕(ぼく) 나, 저 / 俺(おれ) 나	あたし 나, 저
2인칭	あなた 당신 ～さん ~님 ～ちゃん 애칭	お前(まえ) 너 君(きみ) 자네 / ～君(くん) ~군	
3인칭	彼(かれ) 그, 남친 彼女(かのじょ) 그녀, 여친		
부정칭	誰(だれ) 누구 どなた 어느 분 =どちらさま		

나라 이름

韓国(かんこく)(大韓民国(だいかんみんこく))	タイ	アメリカ	ドイツ
中国(ちゅうごく)	ベトナム	イギリス	トルコ
日本(にほん/にっぽん)	フィリピン	フランス	ロシア
北朝鮮(きたちょうせん)	カンボジア	イタリア	ギリシャ
台湾(たいわん)	マレーシア	オランダ	スペイン
香港(ほんこん)	インドネシア	スイス	スウェーデン
マカオ	シンガポール	クロアチア	アフリカ

연습문제 다음을 일본어로 작문하시오.

1. 저는 김민준(金ミンジュン)입니다. 대학생입니다.

2. 스즈키(鈴木)씨도 일본인입니다.

3. 사토우(佐藤)씨는 한국인이 아닙니다.

4. 김(金)씨는 학생입니까, 선생님입니까?

5. 사토우(佐藤)씨는 회사원입니까, 공무원입니까?

6. 김(金)씨는 회사원도 공무원도 아닙니다. 학생입니다.

7. 사토우(佐藤)씨는 학생도 선생님도 아닙니다. 회사원입니다.

한자쓰기연습

わたし 私 나/저					
がくせい 学生 학생					
せんせい 先生 선생님					
かんこくじん 韓国人 한국인					
にほんじん 日本人 일본인					
かいしゃいん 会社員 회사원					
こうむいん 公務員 공무원					

Chapter 05

これは何(なん)ですか。
이것은 무엇입니까?

새로 나온 어휘

これ 이것

何(なん/なに) 무엇

鉛筆(えんぴつ) 연필

どれ 어느 것

どの 어느

人(ひと) 사람

誰(だれ) 누구

部屋(へや) 방

どこ 어디/어느 곳

ソウル駅(そうるえき) 서울역

どちら 어느 쪽/어디

本(ほん) 책

ボールペン(ぼーるぺん) 볼펜

図書館(としょかん) 도서관

車(くるま) 자동차

友(とも)だち 친구

携帯電話(けいたいでんわ) 휴대전화

あなた 당신, 너

トイレ(といれ) 화장실

ホテル(ほてる) 호텔

レストラン(れすとらん) 레스토랑

日本語(にほんご) 일본어

기본 문형 (1)

1. これは 何(なん)ですか。

   이것은 무엇입니까?

2. 鉛筆(えんぴつ)は どれですか。

   연필은 어느 것입니까?

3. 佐藤(さとう)さんは どの 人(ひと)ですか。

   사토우씨는 어느 사람입니까?

4. 部屋(へや)は どこですか。

   방은 어디입니까?

5. ソウル駅(そうるえき)は どちらですか。

   서울역은 어느 쪽(어디)입니까?

기본 문형 이해 (1)

こ・そ・あ・ど 지시사 표현

종류 / 지시사	근칭	중칭	원칭	부정칭
사 물	これ 이것	それ 그것	あれ 저것	どれ 어느 것
연체사 (명사수식)	この 이	その 그	あの 저	どの 어느
장 소	ここ 여기	そこ 거기	あそこ 저기	どこ 어디
방 향	こちら (こっち) 이쪽	そちら (そっち) 그쪽	あちら (あっち) 저쪽	どちら (どっち) 어느쪽/어디

1 これは 何(なん)ですか。

それは 本(ほん)です。

2 鉛筆(えんぴつ)は どれですか。

鉛筆(えんぴつ)は これ(それ/あれ)です。

3 佐藤(さとう)さんは どの 人(ひと)ですか。

佐藤(さとう)さんは この(その/あの) 人(ひと)です。

4 部屋(へや)は どこですか。

部屋(へや)は ここ(そこ/あそこ)です。

5 ソウル駅(そうるえき)は どちらですか。

ソウル駅(そうるえき)は こちら(そちら/あちら)です。

기타

1) 의향이나 형태를 나타내는 경우

こう	そう	ああ	どう
이렇게	그렇게	저렇게	어떻게

예 これは どうですか。

それは いいですね。

2) 형용을 나타내는 경우

こんな	そんな	あんな	どんな
이런	그런	저런	어떤

예 佐藤(さとう)さんは どんな 人(ひと)ですか。

いい 人(ひと)です。

기본 문형 (2)

1. これは 日本語(にほんご)の 本(ほん)です(か)。

   이것은 일본어 책입니다(까).

2. この 本(ほん)は 私(わたし)のです。

   이 책은 내(나의) 것입니다.

3. ここは 私(わたし)の 部屋(へや)では(じゃ)ありません。

   여기는 내(나의) 방이 아닙니다.

4. 先生(せんせい)の 部屋(へや)は どちらですか。

   선생님 방은 어느 쪽(어디)입니까?

5. 佐藤(さとう)さんと 鈴木(すずき)さんは 日本人(にほんじん)です(か)。

   사토우씨와 스즈키씨는 일본인입니다(까).

기본 문형 이해 (2)

1 ～が ～이(가)

'～이(가)'에 해당하는 주격조사이다.

예 佐藤(さとう)さんの 鉛筆(えんぴつ)は どれですか。

これ**が** 佐藤(さとう)さんの 鉛筆(えんぴつ)です。

ここ**が** 図書館(としょかん)です。

＊ 駅(えき)**は** どこですか。(○)

駅(えき)**が** どこですか。(×)

2 ～と ～와(과)/～하고

사물이나 용건 등을 열거할 때 사용하는 병렬조사이다.

예 鉛筆(えんぴつ)**と** ボールペン(ぼーるぺん)

これ**と** それ**と** あれ

佐藤(さとう)さん**と** 鈴木(すずき)さんは 友(とも)だちです。

3 ～の

1) 명사+の+명사

일본어는 명사와 명사 사이에 고정적으로 조사 「の」가 들어가며, 앞의 명사가 뒤의 명사를 수식하는 역할을 한다. 「の」는 우리말의 '～의'에 해당하는데, 해석이 생략되는 경우가 많다.

※ 「～の」는 문맥에 따라 다음과 같은 의미 기능을 나타낸다.

① 私(わたし)の本(ほん) (소유)　② 日本語(にほんご)の本(ほん) (내용)

③ 大学(だいがく)の先生(せんせい) (소속)　④ 日本(にほん)の車(くるま) (출처)

⑤ 友(とも)だちの佐藤(さとう)さん (동격)

※ 고유명사는 명사와 명사 사이에 「の」가 들어가지 않는다.

예 ソウル駅(そうるえき) : 서울역(역 이름)

ソウルの駅(そうるのえき) : 서울에 있는 역

2) 명사+のです

「～のです」의 「の」는 '～(의)것'이란 뜻으로, 소유/소속 또는 사람/물건 등 명사 대신 쓰인다.

예 ① あれは 私(わたし)の本(ほん)です。
↓
あれは 私(わたし)のです。

② この 車(くるま)は 会社(かいしゃ)のです。

기본 문형을 통한 문장연습

1

これは 何(なん)ですか。

それは 日本語(にほんご)の 本(ほん)です。

それは 何(なん)ですか。

これは 佐藤(さとう)さんの 携帯(けいたい)です。

あれは 何(なん)ですか。

あれは 金(きむ)さんの 時計(とけい)です。

先生(せんせい)の 時計(とけい)は どれですか。

先生(せんせい)の 時計(とけい)は これ/それ/あれです。

2 この 本(ほん)は 私(わたし)のです。

その 携帯(けいたい)は 佐藤(さとう)さんのです。

あの 時計(とけい)は 先生(せんせい)のです。

佐藤(さとう)さんは どの 人(ひと)(方(かた))ですか。

この/その/あの 人(ひと)(方(かた))です。

この 本(ほん)は 誰(だれ)のですか。

私(わたし)のです。

その 本(ほん)は 私(わたし)のではありません。佐藤(さとう)さんのです。

3 ここは 私(わたし)の 部屋(へや)です。

そこは 銀行(ぎんこう)です。

あそこは デパート(でぱーと)です。

すみません。トイレ(といれ)は どこですか。

トイレ(といれ)は ここ/そこ/あそこです。

ここは 私(わたし)の 部屋(へや)ではありません。

4 駅(えき)は　こちらです。

ホテル(ほてる)は　そちらです。

レストラン(れすとらん)は　あちらです。

先生(せんせい)の　部屋(へや)は　どちらですか。

先生(せんせい)の　部屋(へや)は　こちら/そちら/あちらです。

駅(えき)は　こちらではありません。

5 佐藤(さとう)さんと　鈴木(すずき)さんは　日本人(にほんじん)です。

金(きむ)さんと　李(い)さんは　韓国人(かんこくじん)です。

これと　あれが　日本語(にほんご)の　本(ほん)です。

日本語(にほんご)の　本(ほん)は　これと　あれです。

駅(えき)は　ここと　あそこです。

ここと　あそこが　駅(えき)です。

金(きむ)さんと　李(い)さんは　日本人(にほんじん)ではありません。

연습문제 다음을 일본어로 작문하시오.

1. 선생님 시계는 어느 것입니까?

2. 그 핸드폰은 사토우(佐藤)씨 것입니다.

3. 사토우(佐藤)씨는 어느 분입니까?

4. 선생님 방은 저쪽입니다.

5. 사토우(佐藤)씨와 스즈키(鈴木)씨는 일본인입니다.

6. 이것은 김(金)씨의 일본어 책입니다.

7. 여기는 내 방이 아닙니다.

한자쓰기연습

だれ 誰 누구					
へや 部屋 방					
ぎんこう 銀行 은행					
えんぴつ 鉛筆 연필					
けいたい 携帯 휴대폰					
とけい 時計 시계					
としょかん 図書館 도서관					

Chapter 06 これは数詞(すうし)です。

이것은 수사입니다.

새로 나온 어휘

数詞(すうし) 수사

漢字(かんじ) 한자

固有(こゆう) 고유

家(いえ) 집

電話番号(でんわばんごう) 전화번호

何番(なんばん) 몇 번

1つ(ひとつ) 하나

2つ(ふたつ) 둘

3つ(みっつ) 셋

下(くだ)さい 주세요

ボールペン(ぼーるぺん) 볼펜

林檎(りんご) 사과

いくら 얼마

ビール(びーる) 맥주

缶(かん)コーヒー(こーひー) 캔커피

～を 을/를

～で 해서(합해서)

～ずつ 씩

消(け)しゴム(ごむ) 지우개

数字(すうじ) 숫자

カメラ(かめら) 카메라

기본 문형

1. これは 漢字数詞(かんじすうし)です。

   이것은 한자수사입니다.

2. 金(きむ)さんの 家(いえ)の 電話番号(でんわばんごう)は 何番(なんばん)ですか。

   김씨의 집 전화번호는 몇 번입니까?

3. ボールペンを 1つ ください。

   볼펜을 하나 주세요.

4. 林檎(りんご)は 3つで いくらですか。

   사과는 세 개에(합해서) 얼마입니까?

5. ビール 2つと 缶(かん)コーヒー 2つ ください。

   맥주 2병과 캔커피 2개 주세요.

   *ビールと 缶(かん)コーヒーを 2つずつ ください。

   맥주와 캔커피 2개씩 주세요.

기본 문형 이해

1 漢字数詞(かんじすうし) 한자 수사

ゼロ/れい/まる 0		じゅう 十	ひゃく 百	せん 千
いち 1	じゅういち 11	じゅう 10	ひゃく 100	せん 1000
に 2	じゅうに 12	にじゅう 20	にひゃく 200	にせん 2000
さん 3	じゅうさん 13	さんじゅう 30	さんびゃく 300	さんぜん 3000
よん/し/よ 4	じゅうよん 14	よんじゅう 40	よんひゃく 400	よんせん 4000
ご 5	じゅうご 15	ごじゅう 50	ごひゃく 500	ごせん 5000
ろく 6	じゅうろく 16	ろくじゅう 60	ろっぴゃく 600	ろくせん 6000
なな/しち 7	じゅうなな/しち 17	なな/しちじゅう 70	ななひゃく 700	ななせん 7000
はち 8	じゅうはち 18	はちじゅう 80	はっぴゃく 800	はっせん 8000
きゅう/く 9	じゅうきゅう/く 19	きゅうじゅう 90	きゅうひゃく 900	きゅうせん 9000
じゅう 10	にじゅう 20	ひゃく 100	せん 1000	いちまん 10000

まん 万				おく 億		ちょう 兆
いちまん 1万	じゅうまん 10万	ひゃくまん 100万	せんまん 1000万	いちおく 1億	じゅうおく 10億	いっちょう 1兆

2 固有数詞(こゆうすうし) 고유 수사

1つ(ひと)	2つ(ふた)	3つ(みっ)	4つ(よっ)	5つ(いつ)
6つ(むっ)	7つ(なな)	8つ(やっ)	9つ(ここの)	10(とお)
11(じゅういち)	12(じゅうに)	13(じゅうさん)	14(じゅうよん)	15(じゅうご)
いくつ	いくつですか。몇 개입니까? おいくつですか。몇 살입니까?			

3 ～を ～을(를)

'～을(를)'에 해당하는 목적격조사이다.

예 鉛筆(えんぴつ)を ください。

4 ～で ～에(합해서)

수량을 나타내는 말에 붙어 통합의 의미를 나타낸다.

예 全部(ぜんぶ)で いくらですか。

この りんごは 1(ひと)つ 500円(えん)、3(みっ)つで 1,000円(えん)です。

5 ～ずつ ～씩

수량을 나타내는 말에 붙어 '～씩'에 해당하는 부조사이다.

예 鉛筆(えんぴつ)と 消(け)しゴム(ごむ)を 1(ひと)つずつ ください。

기본 문형을 통한 문장연습

1 この 数字(すうじ)は 何(なん)ですか。

① 4 ：よんです。

② 17：じゅうななです。

③ 649：ろっぴゃく よんじゅう きゅうです。

④ 3875：さんぜん はっぴゃく ななじゅう ごです。

2 金(きむ)さんの 家(いえ)の 電話番号(でんわばんごう)は 何番(なんばん)ですか。

① 02-957-7683：

ぜろにの きゅうごななの ななろくはちさんです。

② 032-597-6841：

ぜろさんにの ごきゅうななの ろくはちよんいちです。

3 佐藤(さとう)さんの 携帯番号(けいたいばんごう)は 何番(なんばん)ですか。

① 090-2873-6154：

ぜろきゅうぜろの にはちななさんの ろくいちごよんです。

② 010-2543-7896：

ぜろいちぜろの にごよんさんの ななはちきゅうろくです。

4 この カメラは いくらですか。

① 19,800円(えん)：いちまん きゅうせん はっぴゃくえんです。

② 25,700円(えん)：にまん ごせん ななひゃくえんです。

5 いくらですか。

① 林檎(りんご)は 3(みっ)つで いくらですか。

3(みっ)つで 500円(えん)です。

② 鉛筆(えんぴつ)は 2(ふた)つで いくらですか。

2(ふた)つで 200円(えん)です。

6 ～ずつ ください。

① ビール(びーる)と 缶コーヒー(かんこーひー)を 2(ふた)つずつ ください。

ビール(びーる) 2(ふた)つと 缶コーヒー(かんこーひー) 2(ふた)つですね。

② ボールペン(ぼーるぺん)と 鉛筆(えんぴつ)を 1(ひと)つずつ ください。

ボールペン(ぼーるぺん) 1(ひと)つと 鉛筆(えんぴつ) 1(ひと)つですね。

연습문제 다음을 일본어로 작문하시오.

1. 볼펜 하나 주세요.

2. 이 숫자는 무엇입니까?

3. 사과는 세 개에(합쳐서) 얼마입니까?

4. 연필과 지우개를 하나씩 주세요.

5. 김씨의 집 전화번호는 몇 번입니까?

6. 이 카메라는 얼마입니까?

7. 맥주와 캔커피 2개씩 주세요.

한자쓰기연습

かんじ 漢字 한자					
すうし 数詞 수사					
すうじ 数字 숫자					
でんわ 電話 전화					
ばんごう 番号 번호					
がっこう 学校 학교					
りんご 林檎 사과					

Chapter 07 この ノートは 1冊(いっさつ) いくらですか。

이 노트는 한 권에 얼마입니까?

새로 나온 어휘

ノート(のーと) 노트

3個(さんこ) 세 개

1杯(いっぱい) 한 잔

家族(かぞく) 가족

シャツ(しゃつ) 셔츠

葉書(はがき) 엽서

蜜柑(みかん) 귤/밀감

すいか 수박

いいですね 좋네요

お酒(さけ) 술

ちょっと 좀/잠시/잠깐

猫(ねこ) 고양이

教室(きょうしつ) 교실

男(おとこ)の人(ひと) 남자

1冊(いっさつ) 한 권

3本(さんぼん) 세 병/자루

女(おんな)の人(ひと) 여자

助数詞(じょすうし) 조수사

切手(きって) 우표

漫画(まんが) 만화

合(あ)わせて 합해서

かしこまりました 알겠습니다

いただきます 잘 먹겠습니다

今日(きょう) 오늘

犬(いぬ) 개

ウサギ(うさぎ) 토끼

全部(ぜんぶ)で 전부해서(합해서)

기본 문형

1. この ノートは 1冊 いくらですか。

   이 노트는 한 권에 얼마입니까?

2. 林檎は 3個で 300円です。

   사과 3개에 300엔입니다.

3. 缶コーヒーを 3本 下さい。

   캔커피 3개 주세요.

4. コーヒー 1杯 どうですか。

   커피 한 잔 어떻습니까?

5. 私の 家族は 5人です。

   우리 가족은 5명입니다.

기본 문형 이해

조수사(助数詞)는 사물을 셀 때 어떤 종류의 것인가를 나타내는 접미어를 말한다.

1 조수사①

~枚(まい) ~장/매	~円(えん) ~엔	~人(にん) ~사람/명
1枚(いちまい)	1円(いちえん)	* 1人(ひとり)
2枚(にまい)	2円(にえん)	* 2人(ふたり)
3枚(さんまい)	3円(さんえん)	3人(さんにん)
4枚(よんまい)	4円(よえん)	4人(よにん)
5枚(ごまい)	5円(ごえん)	5人(ごにん)
6枚(ろくまい)	6円(ろくえん)	6人(ろくにん)
7枚(なな/しちまい)	7円(ななえん)	7人(なな/しちにん)
8枚(はちまい)	8円(はちえん)	8人(はちにん)
9枚(きゅうまい)	9円(きゅうえん)	9人(きゅうにん)
10枚(じゅうまい)	10円(じゅうえん)	10人(じゅうにん)
何枚(なんまい)	いくら/何円(なんえん)	何人(なんにん)

2 조수사②

~個(こ) ~개	~冊(さつ) ~권	~本(ほん) ~자루/병	~杯(はい) ~잔	~匹(ひき) ~마리
1個(いっこ)	1冊(いっさつ)	1本(いっぽん)	1杯(いっぱい)	1匹(いっぴき)
2個(にこ)	2冊(にさつ)	2本(にほん)	2杯(にはい)	2匹(にひき)
3個(さんこ)	3冊(さんさつ)	3本(さんぼん)	3杯(さんばい)	3匹(さんびき)
4個(よんこ)	4冊(よんさつ)	4本(よんほん)	4杯(よんはい)	4匹(よんひき)
5個(ごこ)	5冊(ごさつ)	5本(ごほん)	5杯(ごはい)	5匹(ごひき)
6個(ろっこ)	6冊(ろくさつ)	6本(ろっぽん)	6杯(ろっぱい)	6匹(ろっぴき)
7個(ななこ)	7冊(ななさつ)	7本(ななほん)	7杯(ななはい)	7匹(ななひき)
8個(はっ/はちこ)	8冊(はっさつ)	8本(はっぽん)	8杯(はっぱい)	8匹(はっぴき)
9個(きゅうこ)	9冊(きゅうさつ)	9本(きゅうほん)	9杯(きゅうはい)	9匹(きゅうひき)
10個(じゅっこ)	10冊(じゅっさつ)	10本(じゅっぽん)	10杯(じゅっぱい)	10匹(じゅっぴき)
何個(なんこ)	何冊(なんさつ)	何本(なんぼん)	何杯(なんばい)	何匹(なんびき)

기본 문형을 통한 문장연습

1 この シャツは 1枚 いくらですか。

それは 1枚 2000円です。

90円の 切手を 10枚 ください。

50円の 葉書を 5枚 ください。

2 この ノートは 1冊 いくらですか。

それは 1冊 100円です。

あの 漫画は 1冊 いくらですか。

あれは 300円ですよ。

3 林檎(りんご)は 1個(いっこ) 100円(ひゃくえん)で、蜜柑(みかん)は 1個(いっこ) 50円(えん)です。

2つ(ふたつ) 合(あ)わせて 150円(えん)です。

この すいかは 1個(いっこ) いくらですか。

それは 1000円(せんえん)です。

4 缶(かん)コーヒー(こーひー)を 3本(さんぼん) ください。

はい、缶(かん)コーヒー(こーひー) 3本(さんぼん)ですね。

それから、ビール(びーる)も 5本(ごほん) ください。

はい、かしこまりました。

こちら ビール(びーる) 5本(ごほん)です。

5 ビール(びーる)を 1杯(いっぱい) どうですか。

いいですね。いただきます。

お酒(さけ) 1杯(いっぱい) いかがですか。

今日(きょう)は ちょっと、、、。

6 犬(いぬ)と 猫(ねこ)は 何匹(なんびき)ですか。

6匹(ろっぴき)です。 犬(いぬ)が 3匹(さんびき)で、猫(ねこ)も 3匹(さんびき)です。

犬(いぬ)と 猫(ねこ)を 1匹(いっぴき)ずつ ください。

ウサギ(うさぎ)は 2匹(にひき) ください。

7 教室(きょうしつ)に 学生(がくせい)が 1人(ひとり)、2人(ふたり)、3人(さんにん)、4人(よにん)、全部(ぜんぶ)で 4人(よにん)ですね。

男(おとこ)の人(ひと)が 2人(ふたり)、女(おんな)の人(ひと)が 2人(ふたり)ですね。

私(わたし)の 家族(かぞく)は 5人(ごにん)です。

가족 호칭

내 가족을 말할 때	관계	남의 가족을 말할 때
祖父(そふ)	할아버지	お祖父(じい)さん
祖母(そぼ)	할머니	お祖母(ばあ)さん
父(ちち)	아버지	お父(とう)さん
母(はは)	어머니	お母(かあ)さん
兄(あに)	형/오빠	お兄(にい)さん
姉(あね)	누나/언니	お姉(ねえ)さん
弟(おとうと)	남동생	弟(おとうと)さん
妹(いもうと)	여동생	妹(いもうと)さん
夫(おっと)	남편	旦那(だんな)さん
妻(つま)	아내	奥(おく)さん
息子(むすこ)	아들	息子(むすこ)さん
娘(むすめ)	딸	娘(むすめ)さん
孫(まご)	손자	お孫(まご)さん
叔父(おじ)	(외)삼촌	叔父(おじ)さん
叔母(おば)	고모/이모	叔母(おば)さん

연습문제 다음을 일본어로 작문하시오.

1. 이 노트는 한 권에 얼마입니까?

2. 90엔짜리 우표 열 장 주세요.

3. 맥주 한 잔 어떻습니까?

4. 맥주 5병 주세요.

5. 남자가 두 사람, 여자가 두 사람이군요.

6. 사과는 한 개에 100엔이고, 귤은 한 개에 50엔입니다.

7. 우리 가족은 5명입니다.

한자쓰기연습

ねこ 猫 고양이					
きって 切手 우표					
はがき 葉書 엽서					
まんが 漫画 만화					
きょうしつ 教室 교실					
かぞく 家族 가족					
みかん 蜜柑 귤					

Chapter 08

今日(きょう)は 水曜日(すいようび)です。

오늘은 수요일입니다.

새로 나온 어휘

水曜日(すいようび) 수요일

昨日(きのう) 어제

火曜日(かようび) 화요일

今(いま) 지금

何時(なんじ) 몇 시

何分(なんぷん) 몇 분

授業(じゅぎょう) 수업

~から ~에서/부터

~まで ~까지

午後(ごご) 오후

5時(ごじ) 5시

~でした ~이었습니다

銀行(ぎんこう) 은행

午前(ごぜん) 오전

昼(ひる) 점심/낮

休(やす)み 휴일(휴무)

1日(いちにち) 1일(하루)

1時間(いちじかん) 1시간

いつ 언제

毎日(まいにち) 매일

기본 문형

1. 今日は 水曜日です。

   오늘은 수요일입니다.

2. 昨日は 火曜日でした。

   어제는 화요일이었습니다.

3. 今、何時 何分ですか。

   지금 몇 시 몇 분입니까?

4. 授業は 何時から 何時までですか。

   수업은 몇 시부터 몇 시까지입니까?

5. 日本語の 授業は 午後 5時まででした。

   일본어 수업은 오후 5시까지였습니다.

기본 문형 이해

1 시간을 나타내는 말

과거		현재	미래	
おととい 一昨日 그저께	きのう 昨日 어제	きょう 今日 오늘	あした/あす 明日 내일	あさって 明後日 모레
せんせんしゅう 先々週 지지난 주	せんしゅう 先週 지난 주	こんしゅう 今週 이번 주	らいしゅう 来週 다음 주	さらいしゅう 再来週 다다음 주
せんせんげつ 先々月 지지난 달	せんげつ 先月 지난 달	こんげつ 今月 이번 달	らいげつ 来月 다음 달	さらいげつ 再来月 다다음 달
おととし 一昨年 재작년	きょねん さくねん 去年/昨年 작년	ことし 今年 올해	らいねん 来年 내년	さらいねん 再来年 내후년

2 ~曜日(ようび) 요일

げつようび 月曜日 월요일	かようび 火曜日 화요일	すいようび 水曜日 수요일	もくようび 木曜日 목요일
きんようび 金曜日 금요일	どようび 土曜日 토요일	にちようび 日曜日 일요일	なんようび 何曜日 무슨 요일

(＊ げつ、か、すい、もく、きん、ど、にち)

3 ～時(じ)/分(ふん)/秒(びょう) ～시/분/초

～時(じ) ～시	～時間(じかん) ～시간	～分(ふん) ～분	～秒(びょう) ～초
1時(いちじ)	1時間(いちじかん)	1分(いっぷん)	1秒(いちびょう)
2時(にじ)	2時間(にじかん)	2分(にふん)	2秒(にびょう)
3時(さんじ)	3時間(さんじかん)	3分(さんぷん)	3秒(さんびょう)
4時(よじ)	4時間(よじかん)	4分(よんぷん)	4秒(よんびょう)
5時(ごじ)	5時間(ごじかん)	5分(ごふん)	5秒(ごびょう)
6時(ろくじ)	6時間(ろくじかん)	6分(ろっぷん)	6秒(ろくびょう)
7時(しちじ)	7時間(しちじかん)	7分(ななふん)	7秒(ななびょう)
8時(はちじ)	8時間(はちじかん)	8分(はっぷん/はちふん)	8秒(はちびょう)
9時(くじ)	9時間(くじかん)	9分(きゅうふん)	9秒(きゅうびょう)
10時(じゅうじ)	10時間(じゅうじかん)	10分(じゅっ/じっぷん)	10 秒(じゅうびょう)
何時(なんじ)	何時間(なんじかん)	何分(なんぷん)	何 秒(なんびょう)

(＊ 30분: 30分(さんじゅっぷん)/ 半(はん))

기본 문형 이해

1 ～から、～まで ～에서 ～까지

① 「～から」는 (시간/장소를 나타내는 명사에 붙어) '～에서/부터' 라는 출발점, 시작점을 나타낸다.

② 「～まで」는 '～까지'라는 도착점을 나타낸다.

예 ソウル(そうる)から プサン(ぷさん)まで。(장소)

午前(ごぜん) 9時(くじ)から 午後(ごご) 5時(ごじ)まで。(시간)

2 ～でした(か) ～(이)었습니다(까)

「～です」의 과거형으로, 「～でした」에 의문 종조사 「～か」를 붙이면 '～(이)었습니까?'라는 의문문이 된다.

예 佐藤(さとう)さんは 大学生(だいがくせい)でした。

佐藤(さとう)さんは 大学生(だいがくせい)でしたか。

※「명사+だ」의 활용-②	
기본형	私は 学生だ。
정중형	私は 学生です。
과거형	私は 学生でした。
과거부정형	私は 学生ではありませんでした。

기본 문형을 통한 문장연습

1 今日(きょう)は 何曜日(なんようび)ですか。

今日(きょう)は 水曜日(すいようび)です。

昨日(きのう)は 何曜日(なんようび)でしたか。

昨日(きのう)は 火曜日(かようび)でした。

2 今(いま)、何時(なんじ)ですか。

午前(ごぜん) 10時(じゅうじ) 10分(じゅっぷん)です。

今(いま)、何時(なんじ) 何分(なんぷん)ですか。

午後(ごご) 4時(よじ) 30分(さんじゅっぷん)(半(はん))です。

3 日本語の 授業は 何時から 何時までですか。

日本語の 授業は 午前 9時から 午後 5時までです。

銀行は 午前 9時から 午後 3時までです。

昼休みは 午後 12時から 1時までです。

昨日の 日本語の 授業は 何時まででしたか。

昨日の 授業は 午後 3時まででした。

4 1日は 何時間ですか。

1日は 24時間です。

1時間は 何分ですか。

1時間は 60分です。

5 土曜日と 日曜日は 休みです。

休みは 土曜日と 日曜日です。

日本語の 授業は いつですか。

日本語の 授業は 木曜日と 金曜日です。

授業は 毎日ですか。

いいえ、土曜日と 日曜日は 休みです。

연습문제 다음을 일본어로 작문하시오.

1. 어제는 무슨 요일이었습니까?

2. 지금은 오후 4시 30분입니다.

3. 일본어 수업은 몇 시부터 몇 시까지입니까?

4. 어제 일본어 수업은 오후 3시까지였습니다.

5. 1일은 24시간입니다.

6. 일본어 수업은 목요일과 금요일입니다.

7. 토요일과 일요일은 휴무입니다.

한자쓰기연습

きょう 今日 오늘					
きのう 昨日 어제					
じゅぎょう 授業 수업					
ぎんこう 銀行 은행					
ようび 曜日 요일					
じかん 時間 시간					
ごご 午後 오후					

Chapter 09 何月(なんがつ) 何日(なんにち)ですか。

몇 월 며칠입니까?

새로 나온 어휘

何月(なんがつ) 몇 월

お誕生日(たんじょうび) 생일

生(う)まれ 태생(출생)

休(やす)み 휴일/휴무/방학

何才(なんさい) 몇 살

日(にち) 일(날짜)

週(しゅう) 주

月(がつ) 월

年(ねん) 연/년

子供(こども) 아이

お正月(しょうがつ) 정월/설날

~頃(ころ/ごろ) ~경(쯤, 정도)

期末(きまつ) 기말

おいくつですか 몇 살입니까?

何日(なんにち) 며칠

何年(なんねん) 몇 년

夏(なつ) 여름

テスト(てすと) 테스트/시험

曜日(ようび) 요일

日間(にちかん) 일간

週間(しゅうかん) 주간

~ケ月(かげつ) 개월

年間(ねんかん) 연간

日(ひ) 날/일

~末(まつ) 말

約(やく) 약/대략

試験(しけん) 시험

기본 문형

1. 何月(なんがつ) 何日(なんにち)ですか。

몇 월 며칠입니까?

2. お誕生日(たんじょうび)は いつですか。

생일은 언제입니까?

3. 何年(なんねん) 生(う)まれですか。

몇 년생입니까(언제 태어나셨습니까)?

4. 夏休(なつやす)みは いつから いつまでですか。

여름방학은 언제부터 언제까지입니까?

5. おいくつですか。/ 何才(なんさい)ですか。

몇 살입니까?

기본 문형 이해

1 年月日 연월일

ねん ～年 ～년	がつ ～月 ～월	にち ～日 ～일		
いちねん 1年	いちがつ 1月	ついたち 1日	じゅういちにち 11日	にじゅういちにち 21日
にねん 2年	にがつ 2月	ふつか 2日	じゅうににち 12日	にじゅうににち 22日
さんねん 3年	さんがつ 3月	みっか 3日	じゅうさんにち 13日	にじゅうさんにち 23日
よねん 4年	しがつ 4月	よっか 4日	じゅうよっか 14日	にじゅうよっか 24日
ごねん 5年	ごがつ 5月	いつか 5日	じゅうごにち 15日	にじゅうごにち 25日
ろくねん 6年	ろくがつ 6月	むいか 6日	じゅうろくにち 16日	にじゅうろくにち 26日
なな/しちねん 7年	しちがつ 7月	なのか 7日	じゅうしちにち 17日	にじゅうしちにち 27日
はちねん 8年	はちがつ 8月	ようか 8日	じゅうはちにち 18日	にじゅうはちにち 28日
きゅうねん 9年	くがつ 9月	ここのか 9日	じゅうくにち 19日	にじゅうくにち 29日
じゅうねん 10年	じゅうがつ 10月	とおか 10日	はつか 20日	さんじゅうにち 30日
ひゃくねん 100年	じゅういちがつ 11月			さんじゅういちにち 31日
せんねん 1000年	じゅうにがつ 12月		なんにち 何日	
なんねん 何年	なんがつ 何月			

2 その他(た) 기타

~ケ月(かげつ) ~개월	~週(しゅう) ~주	~才(歳)(さい) ~세(살)	
1ケ月(いっかげつ)	1週(いっしゅう)	1才(いっさい)	11才(じゅういっさい)
2ケ月(にかげつ)	2週(にしゅう)	2才(にさい)	20才(はたち)
3ケ月(さんかげつ)	3週(さんしゅう)	3才(さんさい)	30才(さんじゅっさい)
4カ月(よんかげつ)	4週(よんしゅう)	4才(よんさい)	40才(よんじゅっさい)
5カ月(ごかげつ)	5週(ごしゅう)	5才(ごさい)	50才(ごじゅっさい)
6カ月(ろっかげつ)	6週(ろくしゅう)	6才(ろくさい)	60才(ろくじゅっさい)
7カ月(ななかげつ)	7週(ななしゅう)	7才(ななさい)	70才(ななじゅっさい)
8カ月(はっかげつ)	8週(はっしゅう)	8才(はっさい)	80才(はちじゅっさい)
9カ月(きゅうかげつ)	9週(きゅうしゅう)	9才(きゅうさい)	90才(きゅうじゅっさい)
10カ月(じゅっかげつ)	10週(じゅっしゅう)	10才(じゅっさい)	100才(ひゃくさい)
何ケ月(なんかげつ)	何週(なんしゅう)	何才(なんさい)/おいくつ	

기본 문형을 통한 문장연습

1 今日(きょう)は 何月(なんがつ) 何日(なんにち)ですか。

今日(きょう)は 3月(さんがつ) 8日(ようか)です。

子供(こども)の日(ひ)は 何月(なんがつ) 何日(なんにち)ですか。

5月(ごがつ) 5日(いつか)です。

2 佐藤(さとう)さんの お誕生日(たんじょうび)は いつですか。

私(わたし)の 誕生日(たんじょうび)は 2月(にがつ) 9日(ここのか)です。

日本(にほん)の お正月(しょうがつ)は いつですか。

1月(いちがつ) 1日(ついたち)です。

3 今年(ことし)は 何年(なんねん)ですか。

2024年(ねん)です。

来年(らいねん)は 何年(なんねん)ですか。

来年(らいねん)は 2025年(ねん)です。

去年(きょねん)(昨年(さくねん))は 何年(なんねん)でしたか。

去年(きょねん)は 2023年(ねん)でした。

金(きむ)さんは 何年(なんねん) 生(う)まれですか。

1998年(ねん) 生(う)まれです。

4 夏休(なつやす)みは いつから いつまでですか。

夏休(なつやす)みは 6月末頃(ろくがつまつごろ)から 8月末頃(はちがつまつごろ)までです。

約(やく) 2ケ月(にかげつ)ぐらいです。

期末試験(きまつしけん)は いつから いつまでですか。

6月(ろくがつ) 15日(じゅうごにち)の 月曜日(げつようび)から 19日(じゅうくにち)の 金曜日(きんようび)までです。

期末(きまつ)テスト(てすと)は 約(やく) 1週間(いっしゅうかん)です。

5 佐藤(さとう)さんは おいくつですか。

私(わたし)は 25才(さい)です。

金(きむ)さんは 何才(なんさい)ですか。

私(わたし)は 20才(はたち)です。

国民の祝日 일본의 국경일

축일	날짜	축일	날짜
元日 설날	1月 1日	こどもの日 어린이 날	5月 5日
成人の日 성인(성년)의 날	1月 第2月曜日	海の日 바다의 날	7月 第3月曜日
建国記念の日 건국기념일	2月 11日	山の日 산의 날	8月 11日
天皇誕生日 천황탄생일	2月 23日	敬老の日 경로의 날	9月 第3月曜日
春分の日 춘분의 날	*3月 20日~ 21日 중 1일	秋分の日 추분의 날	*9月 22日~ 23日 중 1일
昭和の日 쇼와의 날	4月 29日	体育の日 체육의 날	10月 第2月曜日
憲法記念日 헌법기념일	5月 3日	文化の日 문화의 날	11月 3日
みどりの日 녹색의 날	5月 4日	勤労感謝の日 근로감사의 날	11月 23日

ハッピーマンデー 제도

2000년부터 도입한 제도로, 일부 국경일을 월요일로 옮겨 토요일, 일요일과 함께 3일 연휴를 실시하는 제도를 말한다.

연습문제 다음을 일본어로 작문하시오.

1. 사토우(佐藤)씨 생일은 언제입니까?

2. 기말시험은 언제부터 언제까지입니까?

3. 6월 15일 월요일부터 19일 금요일까지입니다.

4. 작년은 몇 년이었습니까?

5. 사토우(佐藤)씨는 몇 살입니까?

6. 어린이날은 몇 월 며칠입니까?

7. 일본의 설날(정월)은 언제입니까?

한자쓰기연습

こども 子供 아이/어린이					
しょうがつ 正月 정월/설날					
きょねん 去年 작년					
しゅうかん 週間 주간					
きまつ 期末 기말					
しけん 試験 시험					
たんじょうび 誕生日 생일					

Chapter 10 佐藤(さとう)さんは どこに いますか。

사토우씨는 어디에 있습니까?

새로 나온 어휘

사람/동물이 います(か) 있습니다(까)

いません(か) 없습니다(까)

사물/식물이 あります(か) 있습니다(까)

ありません(か) 없습니다(까)

机(つくえ) 책상

教室(きょうしつ) 교실

部屋(へや) 방

～しか ～밖에

窓(まど) 창(창문)

猫(ねこ) 고양이

ベッド(べっど) 침대

誰(だれ)か 누군가

駅(えき) 역

何(なに)が 무엇이

化粧品(けしょうひん) 화장품

窓(まど) 창(창문)

パン屋(ぱんや) 빵집(가게)

上(うえ) 위

何人(なんにん) 몇 사람/명

中(なか) 안(중간/속)

鞄(かばん) 가방

テーブル(てーぶる) 테이블

ドア(どあ) 문/도어

誰(だれ)が 누가

誰(だれ)も 아무도

財布(さいふ) 지갑

何(なに)か 무언가

何(なに)も 아무것도

スーパー(すーぱー) 슈퍼(마켓)

コンビニ(こんびに) 편의점

기본 문형

1. 佐藤さんは どこに いますか。

   사토우씨는 어디(에) 있습니까?

2. 英語の 本は どこに ありますか。

   영어 책은 어디(에) 있습니까?

3. 机の 上に 鉛筆が あります。

   책상 위에 연필이 있습니다.

4. 教室に 学生が 何人 いますか。

   교실에 학생이 몇 명(몇 사람) 있습니까?

5. 教室の 中に 学生は 1人しか いません。

   교실 안에 학생은 한 사람밖에 없습니다.

기본 문형 이해

1 존재를 나타내는 표현

사람	사물
誰(だれ)が 누가 誰(だれ)か 누군가 誰(だれ)も 아무도 います 있습니다 いません 없습니다	何(なに)が 무엇이 何(なに)か 무언가 何(なに)も 아무것도 あります 있습니다 ありません 없습니다

예 部屋(へや)の 中(なか)に 佐藤(さとう)さんと 鈴木(すずき)さんが います。

部屋(へや)の 中(なか)に 金(きむ)さんは いません。

鞄(かばん)の 中(なか)に 本(ほん)や ノート(のーと)などが あります。

鞄(かばん)の 中(なか)に 化粧品(けしょうひん)は ありません。

2 ～か ～인지(인가)

의문의 말에 붙어 특정한 사물에 한정할 수 없음(불확실함)을 나타내는 부조사이다.

예 教室(きょうしつ)の 中(なか)に 誰(だれ)か いますか。

いいえ、誰(だれ)も いません。

3 いくつ 몇 개

보통 「あります」와 함께 「いくつ ありますか」로 사용된다.

예 部屋の 中に 窓は いくつ ありますか。

窓は 2つ あります。

4 ～も ～(이)나

수량이 많음을 강조할 때 사용한다.

예 窓は 2つも あります。

5 위치・방향을 나타내는 표현

上 위	下 아래	中 안/중	外 밖
右 오른쪽	左 왼쪽	前 앞/전	後ろ 뒤/후
隣 이웃/옆	横 옆	側 옆/측면	間 사이/중간

예 机の 上に 鉛筆が あります。

テーブルの 下に 猫が います。

ドアの 前に 人が います。

佐藤さんの 後ろに 鈴木さんが います。

6 ～しか ～밖에

뒤에 부정을 수반하여 「～しか、～ない」의 형태로 '그것만'이라고 한정하는 뜻을 나타낸다.

예 教室(きょうしつ)の 中(なか)に 学生(がくせい)は 何人(なんにん) いますか。

教室(きょうしつ)の 中(なか)に 学生(がくせい)は 1人(ひとり)しか いません。

7 ～や、～など ～(이)랑, ～등(따위)

① 「～や」는 둘 이상의 사물을 열거할 때 쓰는 병렬조사이다.

② 「～など」는 나열한 요소 외에 같은 종류의 것이 있음을 나타내는 부조사이다.

예 机(つくえ)の 上(うえ)に 本(ほん)や、鉛筆(えんぴつ)や、ノート(のーと)などが あります。

※ 병렬조사 「と」와 「や」

① 「と」는 '전부'를 열거할 때 사용한다.

예 机(つくえ)の 上(うえ)に 本(ほん)と、鉛筆(えんぴつ)と、ノート(のーと)が あります。

② 「や」는 '일부의 예'만 들어 열거할 때 사용한다.

예 机(つくえ)の 上(うえ)に 本(ほん)や、鉛筆(えんぴつ)や、ノート(のーと)などが あります。

기본 문형을 통한 문장연습

1 佐藤(さとう)さんは どこに いますか。

佐藤(さとう)さんは 教室(きょうしつ)の 中(なか)に います。

猫(ねこ)は どこに いますか。

猫(ねこ)は ベッド(べっど)の 下(した)に います。

部屋(へや)の 中(なか)に 誰(だれ)が いますか。

部屋(へや)の 中(なか)に 佐藤(さとう)さんが います。

2 部屋(へや)の 中(なか)に 誰(だれ)か いますか。

はい、います。

誰(だれ)が いますか。

佐藤(さとう)さんと 鈴木(すずき)さんが います。

金(きむ)さんも いますか。

はい、金(きむ)さんも います。

いいえ、金(きむ)さんは いません。

部屋(へや)の 中(なか)には 誰(だれ)も いません。

3 英語の 本は どこに ありますか。

英語の 本は 机の 上に あります。

銀行は どこに ありますか。

銀行は 駅の 隣りに あります。

鞄の 中に 何が ありますか。

鞄の 中に 財布が あります。

4 机(つくえ)の 上(うえ)に 何(なに)か ありますか。

はい、あります。

何(なに)が ありますか。

本(ほん)や ノート(のーと)などが あります。

化粧品(けしょうひん)も ありますか。

はい、化粧品(けしょうひん)も あります。

いいえ、化粧品(けしょうひん)は ありません。

机(つくえ)の 上(うえ)には 何(なに)も ありません。

5 ドアの 前に 人が います。

佐藤さんの 後ろに 鈴木さんが います。

郵便局の 前に 銀行が あります。

ホテルの 後ろに スーパーが あります。

郵便局と パン屋の 間に コンビニが あります。

6 教室に 学生が 何人 いますか。

教室に 学生は 1人しか いません。

教室に 学生が 10人も います。

林檎は いくつ ありますか。

林檎は 1つしか ありません。

林檎は 10個も あります。

연습문제 다음을 일본어로 작문하시오.

1. 사토우(佐藤)씨는 교실 안에 있습니다.

2. 방 안에 누군가 있습니까?

3. 영어 책은 책상 위에 있습니다.

4. 책이랑 연필 등이 있습니다.

5. 교실에 학생은 한 명밖에 없습니다.

6. 책상 위에는 아무것도 없습니다.

7. 우체국과 빵집 사이에 편의점이 있습니다.

한자쓰기연습

한자					
あいだ 間 사이/동안					
まど 窓 창문					
かばん 鞄 가방					
つくえ 机 책상					
さいふ 財布 지갑					
けしょうひん 化粧品 화장품					
ゆうびんきょく 郵便局 우체국					

Chapter 11 日本語(にほんご)は 易(やさ)しいです。

일본어는 쉽습니다.

새로 나온 어휘

易(やさ)しい 쉽다	難(むずか)しい 어렵다
～ない ～없다/아니다	～て ～(이)고/서
面白(おもしろ)い 재미있다	いい/よい 좋다
嬉(うれ)しい 기쁘다	天気(てんき) 날씨
デザイン(でざいん) 디자인	暑(あつ)い 덥다
カメラ(かめら) 카메라	ほしい 바라다/갖고 싶다
～けど ～(이)지만	高(たか)い 높다/비싸다
赤(あか)い 빨갛다	寒(さむ)い 춥다
ビル(びる) 빌딩	デパート(でぱーと) 백화점
勉強(べんきょう) 공부	広(ひろ)い 넓다
重(おも)い 무겁다	辛(から)い 맵다
料理(りょうり) 요리	ケーキ(けーき) 케이크
おいしい 맛있다	寒(さむ)い 춥다
優(やさ)しい 상냥하다/자상하다	小(ちい)さい 작다
あまり 그다지/별로(뒤에 부정표현)	バッグ(ばっぐ) 가방/백

기본 문형

1. 日本語は 易しい。/ 易しい 日本語

   일본어는 쉽다.　　/ 쉬운 일본어

2. 日本語は 易しいです。

   일본어는 쉽습니다.

3. 日本語は 易しく(は/も)ない。

   일본어는 쉽지(는/도) 않다.

4. 日本語は 易しく(は/も)ないです。

   日本語は 易しく(は/も)ありません。

   일본어는 쉽지(는/도) 않습니다.

5. 日本語は 易しくも 難しくも ないです(ありません)。

   일본어는 쉽지도 어렵지도 않습니다.

6. 日本語は 易しくて 面白いです。

   일본어는 쉽고 재미있습니다.

기본 문형 이해

1 い형용사란?

① い형용사란 사람의 감각이나 감정, 사물의 성질이나 상태를 나타내는 품사로, 자립어이며 단독으로 술어가 될 수 있다.

예 これが いい/よい。이것이 좋다.

私は 嬉(うれ)しい。나는 기쁘다.

日本語(にほんご)は 易(やさ)しい。일본어는 쉽다.

② 기본(종지)형이 항상 「~い」로 끝난다.

예 易(やさ)しい、嬉(うれ)しい、面白(おもしろ)い、よい、可愛(かわい)い

-그러나 끝이 「い」로 끝났다고 해서 모두 형용사는 아니다.

예 ぜったい(절대로/부사)、だいたい(대체로/부사)
におい(냄새/명사)、きれい(아름답다/형용동사)

③ 활용이 있다.

易し(어간)/い(어미)(활용 부분)

예 日本語(にほんご)は 易(やさ)しく(は/も)ない。

일본어는 쉽지(는/도) 않다.

※ い형용사 활용-①	
기본형	日本語は 易(やさ)しい。
정중형	日本語は 易しいです。
부정형	日本語は 易しく**ない**。 日本語は 易しく**ない**です。 日本語は 易しく**ありません**。
이중부정	日本語は 易しく**も**、難(むずか)しく**も**ないです。 日本語は 易しく**も**、難しく**も**ありません。
명사수식	易しい 日本語
중지형	日本語は 易しく**て** 面白(おもしろ)いです。

2 ~ないの 용법

	い형용사	부정
의미	'~없다'	'~이(가) 아니다' '~(하)지 않다'
예문	机(つくえ)に 本(ほん)は ない。 今日(きょう)は 授業(じゅぎょう)が ない。 これしか ない。	私は 学生(がくせい)ではない。 日本語(にほんご)は 易(やさ)しくない。 あまり おいしくない。

※ ないの 정중형은 ありません이다.

3 いい/よい

「いい」와 「よい」는 '좋다'는 의미로, 활용할 때는 「よい」로 활용한다.

	いい	よい
기본형	天気(てんき)が いい。	天気(てんき)が よい。
정중형	天気が いいです。	天気が よいです。
부정형	X	天気が よくない。
	X	天気が よくないです。 天気が よくありません。
이중부정	X	天気が よくも、悪(わる)くもないです。 天気が よくも、悪(わる)くもありません。
연체형 (명사수식)	いい天気です。	よい天気です。

4 ほしい

「ほしい」 앞에는 희망/가능/상태/좋고 싫음의 대상을 나타내는 조사 「が」가 오며, 「が」앞의 단어와 결부해서 '을(를), 이(가)'로 해석한다.

예 カメラ(かめら)が ほしいです。 카메라를 사고 싶습니다.

パン(ぱん)が ほしいです。 빵이 먹고 싶습니다.

5 접속조사

1) ～が ～지만, ～는데

종지형에 붙어 앞뒤의 글을 연결하여 순접과 역접의 의미에 모두 쓰인다.

예 この 店(みせ)は 小(ちい)さいですが、ケーキ(けーき)は おいしいです。(순접)

日本語(にほんご)は 難(むずか)しくは ないですが、易(やさ)しくも ないです。(역접)

2) ～けど ～지만, ～는데

① [접속조사]

종지형에 붙어 앞뒤의 글을 연결하여 '～지만, 그러나: ～(이기는) 하나'라는 역접의 의미로 쓰인다.

예 日本語(にほんご)は 難(むずか)しくは ないですけど、易(やさ)しくも ないです。(역접)

日本語(にほんご)は 難(むずか)しくは ないですが、易(やさ)しくも ないです。(역접)

② [종조사]

종지형에 붙어 뒤를 말하다 마는 형태로 '～만/～마는' 완곡한 기분을 나타낸다.

예 あまり(そんなに) 高(たか)くない のが いいですけど。

あまり(そんなに) 高(たか)くない のが いいですが。

③ 「～けれども」에서 축약된 형태이다.

(축약) ～けれども ➜ ～けれど ➜ ～けど
(문장체적) ➜ (회화체적)

※ 단어는 일반적으로 축약될수록 회화체에 가깝게 된다.

기본 문형을 통한 문장연습

1

林檎は 赤い。

赤い 林檎

冬は 寒い。

寒い 冬

あの 高い ビルは 何ですか。

あれは デパートです。

2

日本語の 勉強は どうですか。

日本語は 易しいです。

この 教室は 広いです。

この 鞄は とても 重いです。

今日は 天気が とても いいです。

3 金さんは どんな 車が いいですか。

あまり 高くない 車が いいです。

辛くない 料理は ありますか。

はい、辛くない 料理も ありますよ。

4 日本語は 難しくは ないですが、易しくも ないです。

この 店は 小さいですが、ケーキは おいしいです。

韓国の 料理は どうですか。

韓国の 料理は すこし 辛いですが、おいしいです。

今日は 寒くも 暑くも ないです。

ありません。

5 あの シャツ(しゃつ)は デザイン(でざいん)が とても いいですね。

私(わたし)は あの バッグ(ばっぐ)が ほしいです。

今日(きょう)の 天気(てんき)は どうですか。

今日(きょう)も いい 天気(てんき)ですね。

今日(きょう)は 天気(てんき)が あまり よくありません。

6 日本語(にほんご)の 勉強(べんきょう)は どうですか。

日本語(にほんご)は 易(やさ)しくて 面白(おもしろ)いです。

先生(せんせい)は どんな 人(ひと)ですか。

面白(おもしろ)くて 優(やさ)しい 人(ひと)(方(かた))です。

연습문제 다음을 일본어로 작문하시오.

1. 저 높은 빌딩은 무엇입니까?

2. 이 가방은 매우 무겁습니다.

3. 그렇게(그다지) 맵지 않은 요리도 있어요.

4. 일본어는 어렵지는 않습니다만, 그다지 쉽지도 않습니다.

5. 오늘은 춥지도 덥지도 않습니다.

6. 나는 저 가방을 갖고 싶습니다(사고 싶습니다).

7. 선생님은 재미있고 상냥하신 분입니다.

한자쓰기연습

단어					
ふゆ 冬 겨울					
くるま 車 차/자동차					
みせ 店 가게					
かた 方 분/ ~(하는)법					
てんき 天気 날씨					
べんきょう 勉強 공부					
りょうり 料理 요리					

い형용사

大(おお)きい 크다	小(ちい)さい 작다	暖(あたた)かい 따뜻하다	涼(すず)しい 선선하다
多(おお)い 많다	少(すく)ない 적다	暑(あつ)い 덥다	寒(さむ)い 춥다
高(たか)い 비싸다	安(やす)い 싸다	いい/よい 좋다	悪(わる)い 나쁘다
広(ひろ)い 넓다	狭(せま)い 좁다	明(あか)るい 밝다	暗(くら)い 어둡다
おいしい 맛있다	まずい 맛없다	近(ちか)い 가깝다	遠(とお)い 멀다
長(なが)い 길다	短(みじか)い 짧다	嬉(うれ)しい 기쁘다	悲(かな)しい 슬프다
易(やさ)しい 쉽다	難(むずか)しい 어렵다	白(しろ)い 희다	黒(くろ)い 검다
新(あたら)しい 새롭다	古(ふる)い 낡다	赤(あか)い 빨갛다	青(あお)い 파랗다
楽(たの)しい 즐겁다	可愛(かわい)い 귀엽다	重(おも)い 무겁다	軽(かる)い 가볍다
痛(いた)い 아프다	偉(えら)い 훌륭하다	珍(めずら)しい 드물다	忙(いそが)しい 바쁘다
すばらしい 멋지다	うるさい 시끄럽다	すごい 대단하다	うらやましい 부럽다
汚(きたな)い 더럽다	危(あぶ)ない 위험하다	辛(から)い 맵다	甘(あま)い 달다
塩辛(しおから)い 짜다	しょっぱい 짜다	酸(す)っぱい 시다	苦(にが)い 쓰다

Chapter 12

日本語(にほんご)は易(やさ)しかったです。

일본어는 쉬웠습니다.

새로 나온 어휘

だんだん 점점(부사)

~ば ~면

海(うみ) 바다

プラザホテル(ぷらざほてる) 프라자호텔

早(はや)い 빠르다

暗(くら)い 어둡다/깜깜하다

狭(せま)い 좁다

大(おお)きい 크다

遠(とお)い 멀다

忙(いそが)しい 바쁘다

高(たか)い 높다/비싸다

話(はなし) 이야기/말

髪(かみ) 머리(카락)

短(みじか)い 짧다

結果(けっか) 결과

~なる ~(이/가)되다

~たら ~면(거든)

青(あお)い 푸르다/파랗다

楽(たの)しい 즐겁다

映画館(えいがかん) 영화관

古(ふる)い 오래되다/낡다

松田(まつだ)さん 마츠다씨

近(ちか)い 가깝다

新(あたら)しい 새롭다(새것이다)

背(せ) 키

パソコン(ぱそこん) 퍼스널 컴퓨터의 준말

温度(おんど) 온도

長(なが)い 길다

悲(かな)しい 슬프다

기본 문형

1. 日本語(にほんご)は 易(やさ)しかった。/ おいしかった 料理(りょうり)

일본어는 쉬웠다.　　　/ 맛있었던 요리

2. 日本語(にほんご)は 易(やさ)しかったです。

일본어는 쉬웠습니다.

3. 日本語(にほんご)は 易(やさ)しく(は/も)なかった。

일본어는 쉽지(는/도) 않았다.

4. 日本語(にほんご)は 易(やさ)しく(は/も)なかったです。

日本語(にほんご)は 易(やさ)しく(は/も)ありませんでした。

일본어는 쉽지(는/도) 않았습니다.

5. だんだん 日本語(にほんご)が 易(やさ)しくなる。

점점 일본어가 쉬워진다.

6. 日本語(にほんご)が 易(やさ)しければ(易(やさ)しかったら) いいですけど。

일본어가 쉬우면 좋겠는데요(좋겠습니다만).

7. 易(やさ)しく　/　難(むずか)しく

쉽게　　/　어렵게 (부사형)

기본 문형 이해

1 い형용사의 부사형

い형용사의 어미 「～い」를 「く」로 바꾸어 주면 부사형이 된다.

易(やさ)し~~い~~	難(むずか)し~~い~~	楽(たの)し~~い~~	早(はや)~~い~~
易しく	難しく	楽しく	早く
쉽게	어렵게	즐겁게	빨리

2 변화를 나타내는 「い형용사 어간 + くなる」

い형용사의 어미 「～い」를 부사형인 「く」로 바꾸고 '(어떤 지위나 상태로) 되다, 변하다'의 동사 「なる」가 붙여진 형태로, '～해지다/～하게 되다'라는 변화를 나타내는 표현이다.

예 だんだん　日本語(にほんご)が 易(やさ)しくなる。
점점　일본어가 쉬워진다.

日本語(にほんご)が 易(やさ)しくなります。
일본어가 쉬워집니다.

日本語(にほんご)が 易(やさ)しくなりました。
일본어가 쉬워졌습니다.

3 가정 조건을 나타내는 「~ば、~たら」

「~ば」와 「~たら」는 '~(이)면, ~(하)면'의 가정 조건 표현으로 우리말의 해석은 같지만, 접속이 다르므로 주의를 요한다.

예 日本語が易しければ、いいですけど。

日本語が易しかったら、いいですけど。

※ い형용사 활용-②	
기본형	日本語は易し**い**。
과거형	日本語は易し**かっ**た。 日本語は易し**かっ**たです。
과거부정형	日本語は易し**く**なかった。 日本語は易し**く**なかったです。 日本語は易し**く**ありませんでした。
변화	日本語が易し**く**なる。 日本語が易し**く**なります。 日本語が易し**く**なりました。
가정 조건	日本語が易し**けれ**ば、いいですね。 日本語が易し**かっ**たら、いいですね。

기본 문형을 통한 문장연습

1

日本語(にほんご)は 易(やさ)しかった。/ 易(やさ)しかった 日本語(にほんご)

海(うみ)は 青(あお)かった。

金(きむ)さんの 猫(ねこ)は 白(しろ)かった。

韓国(かんこく)の 料理(りょうり)は おいしかった。

韓国(かんこく)の プラザホテル(ぷらざほてる)は とても よかった。

2

日本語(にほんご)は 易(やさ)しかったです。

この 本(ほん)は とても 面白(おもしろ)かったです。

映画館(えいがかん)は 暗(くら)かったです。

アパート(あぱーと)は 古(ふる)くて、狭(せま)かったです。

3 松田さんの 学校は あまり 大きく なかった。

ホテルは 駅から 近くは なかった。すこし 遠かった。

李さんの 車は 新しく なかった。

昨日の 料理は おいしくは なかった。

4 日本語は 易しく(は/も) なかったです。

(日本語は 易しく(は/も) ありませんでした。)

昨日は 忙しかったですか。

いいえ、そんなに 忙しく なかったです。

田中さんは あまり 背が 高くは ありませんでした。

この パソコンは あまり よく なかったです。

(この パソコンは あまり よく ありませんでした。)

5 だんだん 日本語(にほんご)が 易(やさ)しくなる。

易(やさ)しくなります。

易(やさ)しくなりました。

顔(かお)が 青(あお)くなる。

青(あお)くなります。

青(あお)くなりました。

話(はなし)が だんだん 面白(おもしろ)くなる。

温度(おんど)が だんだん 高(たか)くなる。

6 私(わたし)の 髪(かみ)は 長(なが)くも 短(みじか)くも ありませんでした。

なかったです。

この 部屋(へや)は 暑(あつ)くも 寒(さむ)くも ありませんでした。

昨日(きのう) 私(わたし)は 嬉(うれ)しくも 悲(かな)しくも なかった。

期末(きまつ)テスト(てすと)の 結果(けっか)は よくも 悪(わる)くも ありませんでした。

연습문제 다음을 일본어로 작문하시오.

1. 한국요리는 맛있었다.

2. 아파트는 낡고(오래되고) 좁았습니다.

3. 호텔은 역에서 가깝지는 않았다. 조금 멀었다.

4. 이 컴퓨터는 그다지 좋지 않았습니다.

5. 이야기가 점점 재미있어진다.

6. 어제 나는 기쁘지도 슬프지도 않았다.

7. 기말시험 결과는 좋지도 나쁘지도 않았습니다.

한자쓰기연습

한자					
うみ 海 바다					
かお 顔 얼굴					
かみ 髪 머리카락					
はなし 話 말/이야기					
おん ど 温度 온도					
けっ か 結果 결과					
えい が かん 映画館 영화관					

부록

연습문제와 정답편

1. 4과 연습문제/정답

1. 나는 김민준(金ミンジュン)입니다. 대학생입니다.
   (私は 金ミンジュンです。大学生です。)
2. 스즈키(鈴木)씨도 일본인입니다.
   (鈴木さんも 日本人です。)
3. 사토우(佐藤)씨는 한국인이 아닙니다.
   (佐藤さんは 韓国人では ありません。)
4. 김(金)씨는 학생입니까, 선생님입니까?
   (金さんは 学生ですか、先生ですか。)
5. 사토우(佐藤)씨는 회사원입니까, 공무원입니까?
   (佐藤さんは 会社員ですか、公務員ですか。)
6. 김(金)씨는 회사원도 공무원도 아닙니다. 학생입니다.
   (金さんは 会社員でも 公務員でも ありません。学生です。)
7. 사토우(佐藤)씨는 학생도 선생님도 아닙니다. 회사원입니다.
   (佐藤さんは 学生でも、先生でも ありません。会社員です。)

2. 5과 연습문제/정답

1. 선생님 시계는 어느 것입니까?
   (先生の 時計は どれですか。)
2. 그 핸드폰은 사토우(佐藤)씨 것입니다.
   (その 携帯は 佐藤さんのです。)
3. 사토우(佐藤)씨는 어느 분입니까?
   (佐藤さんは どの 方ですか。)
4. 선생님 방은 저쪽입니다.
   (先生の 部屋は あちらです。)
5. 사토우(佐藤)씨와 스즈키(鈴木)씨는 일본인입니다.
   (佐藤さんと 鈴木さんは 日本人です。)
6. 이것은 김(金)씨의 일본어 책입니다.
   (これは 金さんの 日本語の 本です。)
7. 여기는 내 방이 아닙니다.
   (ここは 私の 部屋ではありません。)

3. 6과 연습문제/정답

1. 볼펜 하나 주세요.
(ボールペン 1つ ください。)
2. 이 숫자는 무엇입니까?
(この 数字は 何ですか。)
3. 사과는 세 개에(합쳐서) 얼마입니까?
(林檎は 3つで いくらですか。)
4. 연필과 지우개를 하나씩 주세요.
(鉛筆と 消ゴムを 1つずつ ください。)
5. 김씨의 집 전화번호는 몇 번입니까?
(金さんの 家の 電話番号は 何番ですか。)
6. 이 카메라는 얼마입니까?
(この カメラは いくらですか。)
7. 맥주와 캔커피 2개씩 주세요.
(ビールと 缶コーヒーを 2つずつ ください。)

4. 7과 연습문제/정답

1. 이 노트는 한 권에 얼마입니까?
(この ノートは 1冊 いくらですか。)
2. 90엔짜리 우표 열 장 주세요.
(90円の 切手を 10枚 下さい。)
3. 맥주 한 잔 어떻습니까?
(ビールを 1杯 どうですか。)
4. 맥주 5병 주세요.
(ビール 5本 ください。)
5. 남자가 두 사람, 여자가 두 사람이군요.
(男の人が 2人、女の人が 2人ですね。)
6. 사과는 한 개에 100엔이고, 귤은 한 개에 50엔입니다.
(林檎は 1個 100円で、蜜柑は 1個 50円です。)
7. 우리 가족은 5명입니다.
(私の 家族は 5人です。)

5. 8과 연습문제/정답

1. 어제는 무슨 요일이었습니까?
   (昨日は 何曜日でしたか。)
2. 지금은 오후 4시 30분입니다.
   (今は 午後 4時 30分(半)です。)
3. 일본어 수업은 몇 시부터 몇 시까지입니까?
   (日本語の 授業は 何時から 何時までですか。)
4. 어제 일본어 수업은 오후 3시까지였습니다.
   (昨日 日本語の 授業は 午後 3時まででした。)
5. 1일은 24시간입니다.
   (1日は 24時間です。)
6. 일본어 수업은 목요일과 금요일입니다.
   (日本語の 授業は 木曜日と 金曜日です。)
7. 토요일과 일요일은 휴무입니다.
   (土曜日と 日曜日は 休みです。)

6. 9과 연습문제/정답

1. 사토우(佐藤)씨 생일은 언제입니까?
   (佐藤さんの お誕生日は いつですか。)
2. 기말시험은 언제부터 언제까지입니까?
   (期末試験は いつから いつまでですか。)
3. 6월 15일 월요일부터 19일 금요일까지입니다.
   (6月15日の 月曜日から、19日の 金曜日までです。)
4. 작년은 몇 년이었습니까?
   (去年(昨年)は 何年でしたか。)
5. 사토우(佐藤)씨는 몇 살입니까?
   (佐藤さんは おいくつですか。)
6. 어린이날은 몇 월 며칠입니까?
   (子供の日は 何月 何日ですか。)
7. 일본의 설날(정월)은 언제입니까?
   (日本の お正月は いつですか。)

7. 10과 연습문제/정답

1. 사토우(佐藤)씨는 교실 안에 있습니다.
   (佐藤さんは 教室の 中に います。)
2. 방 안에 누군가 있습니까?
   (部屋の 中に 誰か いますか。)
3. 영어 책은 책상 위에 있습니다.
   (英語の 本は 机の 上に あります。)
4. 책이랑 연필 등이 있습니다.
   (本や 鉛筆などが あります。)
5. 교실에 학생은 한 명밖에 없습니다.
   (教室に 学生は 1人しか いません。)
6. 책상 위에는 아무것도 없습니다.
   (机の 上には 何も ありません。)
7. 우체국과 빵집 사이에 편의점이 있습니다.
   (郵便局と パン屋の 間に コンビニが あります。)

8. 11과 연습문제/정답

1. 저 높은 빌딩은 무엇입니까?
   (あの 高い ビルは 何ですか。)
2. 이 가방은 매우 무겁습니다.
   (この 鞄は とても 重いです。)
3. 그렇게(그다지) 맵지 않은 요리도 있어요.
   (あまり 辛くない 料理も ありますよ。)
4. 일본어는 어렵지는 않습니다만, 쉽지도 않습니다.
   (日本語は 難しくはないですが、易しくもないです。)
5. 오늘은 춥지도 덥지도 않습니다.
   (今日は 寒くも 暑くも ないです。)
6. 나는 저 가방을 갖고 싶습니다(사고 싶습니다).
   (私は あの バッグ(かばん)が ほしいです。)
7. 선생님은 재미있고 상냥하신 분입니다.
   (先生は 面白くて 優しい 方です。)

9. 12과 연습문제/정답

1. 한국요리는 맛있었다.
(韓国の 料理は おいしかった。)
2. 아파트는 낡고(오래되고) 좁았습니다.
(この アパートは 古くて、狭かったです。)
3. 호텔은 역에서 가깝지는 않았다. 조금 멀었다.
(ホテルは 駅から 近くは なかった。すこし 遠かった。)
4. 이 컴퓨터는 그다지 좋지 않았습니다.
(この パソコンは あまり よく なかったです。)
5. 이야기가 점점 재미있어진다.
(話が だんだん 面白くなる。)
6. 어제 나는 기쁘지도 슬프지도 않았다.
(昨日 私は 嬉しくも 悲しくも なかった。)
7. 기말시험 결과는 좋지도 나쁘지도 않았습니다.
(期末テストの 結果は よくも 悪くも なかったです。)

글 자 연 습

학　　과	
학　　번	
성　　명	

히라가나(ひらがな)

청음(清音)

단＼행	あ행	か행	さ행	た행	な행	は행	ま행	や행	ら행	わ행	발음
あ단	あ [a]	か [ka]	さ [sa]	た [ta]	な [na]	は [ha]	ま [ma]	や [ya]	ら [ra]	わ [wa]	ん [m] [n] [ng]
い단	い [i]	き [ki]	し [si]	ち [chi]	に [ni]	ひ [hi]	み [mi]		り [ri]		
う단	う [u]	く [ku]	す [su]	つ [tsu]	ぬ [nu]	ふ [hu]	む [mu]	ゆ [yu]	る [ru]		
え단	え [e]	け [ke]	せ [se]	て [te]	ね [ne]	へ [he]	め [me]		れ [re]		
お단	お [o]	こ [ko]	そ [so]	と [to]	の [no]	ほ [ho]	も [mo]	よ [yo]	ろ [ro]	を [o]	

あ [a]

あ あ あ

い [i]

い い い

う [u]

う う う

え [e]

え え え

お [o]	お	お	お						
か [ka]	か	か	か						
き [ki]	き	き	き						
く [ku]	く	く	く						
け [ke]	け	け	け						
こ [ko]	こ	こ	こ						
さ [sa]	さ	さ	さ						
し [si]	し	し	し						

す [su]	す	す	す						
せ [se]	せ	せ	せ						
そ [so]	そ	そ	そ						
た [ta]	た	た	た						
ち [chi]	ち	ち	ち						
つ [chu]	つ	つ	つ						
て [te]	て	て	て						
と [to]	と	と	と						

な [na]	な	な	な						
に [ni]	に	に	に						
ぬ [nu]	ぬ	ぬ	ぬ						
ね [ne]	ね	ね	ね						
の [no]	の	の	の						
は [ha]	は	は	は						
ひ [hi]	ひ	ひ	ひ						
ふ [hu]	ふ	ふ	ふ						

へ [he]	へ	へ	へ						
ほ [ho]	ほ	ほ	ほ						
ま [ma]	ま	ま	ま						
み [mi]	み	み	み						
む [mu]	む	む	む						
め [me]	め	め	め						
も [mo]	も	も	も						
や [ya]	や	や	や						

ゆ [yu]

ゆ	ゆ	ゆ						

よ [yo]

よ	よ	よ						

ら [ra]

ら	ら	ら						

り [ri]

り	り	り						

る [ru]

る	る	る						

れ [re]

れ	れ	れ						

ろ [ro]

ろ	ろ	ろ						

わ [wa]

わ	わ	わ						

を [o]

を	を	を						

ん [N]

ん	ん	ん						

히라가나(ひらがな)

(탁음:が ざ だ ば 행)

が행	ざ행	だ행	ば행
が [ga]	ざ [za]	だ [da]	ば [ba]
ぎ [gi]	じ [zi]	ぢ [zi]	び [bi]
ぐ [gu]	ず [zu]	づ [zu]	ぶ [bu]
げ [ge]	ぜ [ze]	で [de]	べ [be]
ご [go]	ぞ [zo]	ど [do]	ぼ [bo]

(반탁음:ぱ행)

ぱ행
ぱ [pa]
ぴ [pi]
ぷ [pu]
ぺ [pe]
ぽ [po]

が [ga]

が	が	が						

ぎ [gi]

ぎ	ぎ	ぎ						

ぐ [gu]

ぐ	ぐ	ぐ						

げ [ge]

げ	げ	げ						

ご [go]	ご	ご	ご						
ざ [za]	ざ	ざ	ざ						
じ [zi]	じ	じ	じ						
ず [zu]	ず	ず	ず						
ぜ [ze]	ぜ	ぜ	ぜ						
ぞ [zo]	ぞ	ぞ	ぞ						
だ [da]	だ	だ	だ						
ぢ [zi]	ぢ	ぢ	ぢ						

づ [zu]	づ	づ	づ						

で [de]	で	で	で						

ど [do]	ど	ど	ど						

ば [ba]	ば	ば	ば						

び [bi]	び	び	び						

ぶ [bu]	ぶ	ぶ	ぶ						

べ [be]	べ	べ	べ						

ぼ [bo]	ぼ	ぼ	ぼ						

ぱ [pa]

ぱ ぱ ぱ

ぴ [pi]

ぴ ぴ ぴ

ぷ [pu]

ぷ ぷ ぷ

ぺ [pe]

ぺ ぺ ぺ

ぽ [po]

ぽ ぽ ぽ

히라가나(ひらがな)

요음(拗音)

きゃ [kya]	しゃ [sya]	ちゃ [cha]	にゃ [nya]	ひゃ [hya]	みゃ [mya]	りゃ [rya]	ぎゃ [gya]	じゃ [zya]	びゃ [bya]	ぴゃ [pya]
きゅ [kyu]	しゅ [syu]	ちゅ [chu]	にゅ [nyu]	ひゅ [hyu]	みゅ [myu]	りゅ [ryu]	ぎゅ [gyu]	じゅ [zyu]	びゅ [byu]	ぴゅ [pyu]
きょ [kyo]	しょ [syo]	ちょ [cho]	にょ [nyo]	ひょ [hyo]	みょ [myo]	りょ [ryo]	ぎょ [gyo]	じょ [zyo]	びょ [byo]	ぴょ [pyo]

きゃ [kya]

きゃ	きゃ	きゃ						

きゅ [kyu]

きゅ	きゅ	きゅ						

きょ [kyo]

きょ	きょ	きょ						

しゃ [sya]

しゃ	しゃ	しゃ						

しゅ [syu]

しゅ	しゅ	しゅ						

しょ [syo]	しょ	しょ	しょ						

ちゃ [cha]	ちゃ	ちゃ	ちゃ						

ちゅ [chu]	ちゅ	ちゅ	ちゅ						

ちょ [cho]	ちょ	ちょ	ちょ						

にゃ [nya]	にゃ	にゃ	にゃ						

にゅ [nyu]	にゅ	にゅ	にゅ						

にょ [nyo]	にょ	にょ	にょ						

ひゃ [hya]	ひゃ	ひゃ	ひゃ						

ひゅ [hyu]

ひゅ	ひゅ	ひゅ						

ひょ [hyo]

ひょ	ひょ	ひょ						

みゃ [mya]

みゃ	みゃ	みゃ						

みゅ [myu]

みゅ	みゅ	みゅ						

みょ [myo]

みょ	みょ	みょ						

りゃ [rya]

りゃ	りゃ	りゃ						

りゅ [ryu]

りゅ	りゅ	りゅ						

りょ [ryo]

りょ	りょ	りょ						

ぎゃ [gya]	ぎゃ	ぎゃ	ぎゃ						
ぎゅ [gyu]	ぎゅ	ぎゅ	ぎゅ						
ぎょ [gyo]	ぎょ	ぎょ	ぎょ						
じゃ [zya]	じゃ	じゃ	じゃ						
じゅ [zyu]	じゅ	じゅ	じゅ						
じょ [zyo]	じょ	じょ	じょ						
びゃ [bya]	びゃ	びゃ	びゃ						
びゅ [byu]	びゅ	びゅ	びゅ						

びょ [byo]	びょ	びょ	びょ						
ぴゃ [pya]	ぴゃ	ぴゃ	ぴゃ						
ぴゅ [pyu]	ぴゅ	ぴゅ	ぴゅ						
ぴょ [pyo]	ぴょ	ぴょ	ぴょ						

카타카나(カタカナ)

청음(清音)

단＼행	ア행	カ행	サ행	タ행	ナ행	ハ행	マ행	ヤ행	ラ행	ワ행	발음
ア단	ア [a]	カ [ka]	サ [sa]	タ [ta]	ナ [na]	ハ [ha]	マ [ma]	ヤ [ya]	ラ [ra]	ワ [wa]	ン
イ단	イ [i]	キ [ki]	シ [si]	チ [chi]	ニ [ni]	ヒ [hi]	ミ [mi]		リ [ri]		[m] [n] [ng]
ウ단	ウ [u]	ク [ku]	ス [su]	ツ [chu]	ヌ [nu]	フ [hu]	ム [mu]	ユ [yu]	ル [ru]		
エ단	エ [e]	ケ [ke]	セ [se]	テ [te]	ネ [ne]	ヘ [he]	メ [me]		レ [re]		
オ단	オ [o]	コ [ko]	ソ [so]	ト [to]	ノ [no]	ホ [ho]	モ [mo]	ヨ [yo]	ロ [ro]	ヲ [o]	

ア [a]

ア	ア	ア							

イ [i]

イ	イ	イ							

ウ [u]

ウ	ウ	ウ							

エ [e]

エ	エ	エ							

オ [o]	オ	オ	オ						
カ [ka]	カ	カ	カ						
キ [ki]	キ	キ	キ						
ク [ku]	ク	ク	ク						
ケ [ke]	ケ	ケ	ケ						
コ [ko]	コ	コ	コ						
サ [sa]	サ	サ	サ						
シ [si]	シ	シ	シ						

ス [su]	ス	ス	ス						
セ [se]	セ	セ	セ						
ソ [so]	ソ	ソ	ソ						
タ [ta]	タ	タ	タ						
チ [chi]	チ	チ	チ						
ツ [chu]	ツ	ツ	ツ						
テ [te]	テ	テ	テ						
ト [to]	ト	ト	ト						

ナ [na]	ナ	ナ	ナ						
ニ [ni]	ニ	ニ	ニ						
ヌ [nu]	ヌ	ヌ	ヌ						
ネ [ne]	ネ	ネ	ネ						
ノ [no]	ノ	ノ	ノ						
ハ [ha]	ハ	ハ	ハ						
ヒ [hi]	ヒ	ヒ	ヒ						
フ [hu]	フ	フ	フ						

ヘ [he]	ヘ	ヘ	ヘ						
ホ [ho]	ホ	ホ	ホ						
マ [ma]	マ	マ	マ						
ミ [mi]	ミ	ミ	ミ						
ム [mu]	ム	ム	ム						
メ [me]	メ	メ	メ						
モ [mo]	モ	モ	モ						
ヤ [ya]	ヤ	ヤ	ヤ						

ユ [yu]	ユ	ユ	ユ						
ヨ [yo]	ヨ	ヨ	ヨ						
ラ [ra]	ラ	ラ	ラ						
リ [ri]	リ	リ	リ						
ル [ru]	ル	ル	ル						
レ [re]	レ	レ	レ						
ロ [ro]	ロ	ロ	ロ						
ワ [wa]	ワ	ワ	ワ						

ヲ

[o]

ヲ	ヲ	ヲ						

ン

[N]

ン	ン	ン						

❑ **저자 약력**

❙ 송정식

한국외국어대학교 일본어과 졸업
일본 나고야대학 국제언어문화연구과 졸업[문학박사]
전]이화여자대학교 전임강사
현]인하공업전문대학 관광경영과 교수

문형으로 익히는 기초 일본어

발행일 | 2020년 2월 21일
발행인 | 모흥숙
발행처 | 도서출판 새로미

저자 | 송정식

주소 | 서울 용산구 한강대로 104 라길 3
전화 | 02) 523-5903~4
팩스 | 02) 2693-2437

E-mail | seromi@seromi.kr
Homepage | www.seromi.kr

ISBN | 978-89-6476-687-3
정 가 | 17,000원